初识中国：

中华文化对外传播教程

熊安沅　主编

内容简介

本书从跨文化的视角深入探讨中国故事，涵盖常见的文化符号和文化隐喻等重要概念。内容涉及中国传统习俗、日常生活、文化艺术，以及中国现代社会的发展与对世界的贡献。并进一步挖掘和阐释中国文化故事的深刻含义，旨在帮助留学生理解中国的话语体系，以中国的视角解读中国的故事，从而增强他们对中国文化的认同感。该书适合作为外语类、对外汉语教学和国际传播等相关专业的本科生和研究生学习中华文化及其传播方法的参考书。同时，也可作为来华留学生的中国文化学习教材，特别适合那些已初步了解中国历史和地理常识的学生。

图书在版编目（CIP）数据

初识中国 ： 中华文化对外传播教程 / 熊安沅主编. 北京 ： 气象出版社， 2025. 1. -- ISBN 978-7-5029-8434-2

Ⅰ. G125

中国国家版本馆 CIP 数据核字第 2025S5S358 号

初识中国：中华文化对外传播教程

Chushi Zhongguo：Zhonghua Wenhua Duiwai Chuanbo Jiaocheng

出版发行：气象出版社

地　　址：北京市海淀区中关村南大街 46 号　　邮政编码：100081

电　　话：010-68407112（总编室）　010-68408042（发行部）

网　　址：http://www.qxcbs.com　　E-mail：qxcbs@cma.gov.cn

责任编辑：蔺学东　　终　　审：张　斌

责任校对：张硕杰　　责任技编：赵相宁

封面设计：艺点设计

印　　刷：北京中石油彩色印刷有限责任公司

开　　本：787 mm×1092 mm　1/16　　印　　张：9.75

字　　数：240 千字

版　　次：2025 年 1 月第 1 版　　印　　次：2025 年 1 月第 1 次印刷

定　　价：68.00 元

PREFACE

前　言

随着经济全球化和信息技术的快速发展，各国文化的交流与碰撞愈发频繁。在“走出去”战略的推动下，中国的对外交流活动日益增多，来华留学生的人数近年来迅速增长。文化作为国家软实力的重要组成部分，建立文化自信、增强中华文化传播能力，以及增进其他国家对中国的理解与认同，已成为当前教育文化领域的重要任务。

在过去的15年中，我一直从事跨文化交流和国际教育工作，主要关注两个方面的人才培养：一是提升中国学生的跨文化交际能力；二是为来华留学生提供中国概况和中国文化的教育。虽然该领域的书籍和教材种类繁多，但大多数作品主要集中于文化内容的整理和阐释。在教学过程中，我一直感到缺乏一种能够融入理解过程和方法的、循序渐进的文化传播教程。

近两年来，我尝试进行教学改革，将我教授的中国学生跨文化交际课程与来华留学生的中国概况课程结合，在第二课堂进行同堂授课。通过从中外学生的双向互动视角出发，选择文化学习的内容和讲授方法，取得了显著的效果。参与该项目的学生积极准备讨论议题，现场进行文化讲解和理解反馈，课后开展文化访谈，整理出丰富的文化选题和材料。参与材料整理的学生来自南京信息工程大学教师教育学院，包括陈佳慧、陈奕如、柴钰婷、董佳锋、卢艺、孙文青、孙雪雯、王静、徐蒋真、徐以恒、叶铭佳、俞田芳、袁子寻、张含钰和周蓉。在项目组验证议题和讲授方式并取得良好教学效果的基础上，五名研究生参与了每个选题的整理和编撰，他们是宁芳、汪玥、薛瑞、杨昊烨和姚园园。

本书精选了15个中国文化主题，每个主题均从一个典型的中国文化符号切入，围绕一首诗、一段乐曲、一幅艺术作品或一个经典故事展开，旨在让外国读者印象深刻，便于再现或分享。通过这些符号引入文化隐喻，进而展开对文化知识的介绍。为了深入理解文化故事，书中插入了“跨文化访谈”环节，采访留学生对相关文化故事的看法、感受和理解，同时也比较他们本国的类似题材。为了进一步帮助中外学生了解该文化主题在中国的影响，书中特别增设了“教材链接”栏目，直接列举了中国中小学教材中对该文化主题的教学阐释。

本书在编写过程中尽量达到以下目标：

一、跨文化视角

将跨文化交际能力的培养与中国国情及基本文化概况相结合，开辟了复合型人才培养的新路径。在教授文化知识的同时，重视传授跨文化交际的基本原理和方法。

二、多层次内容设计

基于优秀的中国文化故事以及现代中国人的生活构建内容，每个单元都附有与主题相关的中国经典，以帮助留学生记住最具特色的亮点，同时也指导中国读者如何讲述这些经典故事。

三、注重体验感的教学流程

强化学习过程的体验感。本书与现有常见的中国文化教材不同，侧重于教师主导，学生的主要角色是参与和体验，强调学生情感和态度的培养。

四、适用于中外学生同堂听课

本书适合中外学生同堂授课，旨在提高他们的跨文化交际能力。它不仅教授中国学生传播中国文化的方法和艺术，还帮助来华留学生更好地理解中国文化，适应中国的生活和学习环境，从而促进中外学生的共同成长。

本书是一种新的尝试。在当今普遍倡导以学生为中心的授课理念下，本书反其道而行，强调以“教”为中心。从主题选择到内容阐释，均从讲述者的角度出发，因为在跨文化学习中，“教”即是“学”，“学”即是“教”。对于文化传播者的中国学生，本书将教会他们如何讲好中国故事；而对于学习中国文化的外国留学生，本书则能帮助他们理解中国文化。希望这本书能成为新时代中国文化传播者的得力助手，也能成为来华留学生深入了解中国文化的良师益友。

熊安沅

2024 年 8 月

南京信息工程大学教师教育学院

CONTENTS

目　录

第三单元 中国茶 …… 19

第四单元 中国画 …… 27

第一单元

中国新年

1 文化符号:春联

春联

这副春联由上联、下联和横批构成,上联是“爆竹声中一岁除”,下联是“春风送暖入屠苏”，横批是“喜迎新春”。这副春联描写了新年热闹欢乐、万象更新的景象，意思是阵阵轰鸣的爆竹声中，旧的一年已经过去，和暖的春风吹来了新年，人们欢快地畅饮着新酿的屠苏酒。

中国春节相关视频

1. 虎年

http://en.chinaculture.org/a/202201/29/WS61f49a40a310cdd39bc84146.html

2. 春节

https://www.chinadaily.com.cn/a/202001/22/WS5e279a97a310128217272a2a.html

【活动】

Q1：你见过中国春联吗？如果你见过中国春联，能否说出其中的中文？

Q2：在你的国家，新年有哪些传统习俗？

2 文化隐喻

2.1 春节①

中国的新年也叫春节，春节是中国最具代表性的节日，它不仅有着丰厚的历史文化底蕴，而且还有着广泛的群众基础，经历了几千年的历史长河的洗练与沉积，成为中华民族的身份象征。春节凝聚着各民族的共同记忆，有利于团结各个民族。春节期间的各种习俗活动，如守岁、吃年夜饭、贴春联、放鞭炮、发压岁钱等，经过历史的演变与发展，不仅是我们宝贵的精神财富，更体现了我们的民族文化，是增强民族认同感和向心力的重要力量。爱国主义精神是中华民族的核心精神，而春节文化体现出的爱家爱国精神是增强民族向心力的核心。春节的习俗活动在长久的发展过程中是不断变化的，但其蕴涵的家国情怀却是永久不变的。春节文化的精神与民族向心力是相契合的，正所谓“国之不存，民将焉附?”例如，春节最重要的一件事情就是阖家团圆，普天同庆。这种强烈的凝聚精神也赐予了中华民族团结一致、众志成城，不怕任何艰难困苦的精神力量，这样的精神力量不仅是各民族相同的情感体验，更是中华民族不惧任何艰难的向心力和凝聚力。

传统节日是中国文化的重要组成部分，每个节日都有其独特的文化内涵和历史背景，而春节作为我国最大、最重要的节日之一，经过长久的发展与演变拥有了深厚的文化内涵和价值，成为每个中国人心中最为看重的节日。春节的魅力不仅在于它有着丰富有趣的

① 严弯弯．中国节日的文化内涵与价值——以春节为例[J]．中国民族博览，2023(19)：73-75.

习俗活动，更在于它承载着中华民族的情感与精神。

伴随着中国国力的提升，春节走出了国门并逐渐成为世界性节日。全世界的人民可以通过春节来感知了解中国文化，促进国家之间的文化交流。例如，2018年西安首次推出了“西安年·最中国”系列文旅活动，在此期间西安围绕12个主题举办了三十多项文化旅游和民俗活动。各国游客通过这个文旅活动参与并感受到了春节的各种习俗活动，如迎春灯会、逛大庙会、猜灯谜等。此外，还有个必不可少的元素就是丝绸之路文化，在丝绸之路文化展示上大家可以了解“一带一路”国家的各种文化及文物。无数海外游客通过来西安过春节，感受到了西安这座城市的文化魅力，感受到了中国文化的魅力。春节是中华文化的一个重要载体，中国要走向世界舞台，不仅需要提升硬实力，更需要发挥以春节为代表的国家节日文化软实力的重要作用。进入社会主义新时代，春节越来越成为人们了解中国文化、展现中国国家形象的重要窗口。

关　键　词

【春节】指中国新年，即农历新年的第一天，是中国最隆重的传统节日之一。

【猜灯谜】是中国的一种民俗文娱活动形式，从古代就开始流传的元宵节特色活动。

2.2　春联中的文化内涵①

春节持续时间长，囊括各种各样的活动和仪式，这些活动和仪式都离不开中华民族的传统艺术。如春联，春节的春联多以寄托美好生活、除旧迎新为创作核心，如“福旺财旺运气旺，家兴人兴事业兴”“大地流金万事通，冬去春来万象新”。春节期间，家家户户都会在门上贴春联，春联深受人民的喜爱和重视。而且自春联出现，春联就与书法结缘，千百年来留下了无数名家墨宝。春联不仅能寄托人们对新年的期盼和希望，还担负着传承中国文学和书法的责任。书写张贴春联不仅是传达新年气息、寄托美好期望的节日习俗，也体现了中华民族的艺术精神和审美情怀。

春联最早由挂在门上的桃符演变而来，传说桃木为仙木，具有驱鬼辟邪的功能，人们为驱避年关的种种不吉，在桃木上刻画门神图或写上门神名，挂于门前，祈求镇宅驱邪。由于桃木颜色发红，人们后来便逐渐用染红的纸张替代了桃木，贴春联驱鬼辟邪的习俗也就流传下来。有些地方在每年除旧迎新时，烧掉旧联后张贴新联。民间传说春联是神仙，即联神，旧春联烧掉后，联神返回天庭向玉皇大帝述职。从而，人们对春联又增添了一分尊重，希望联神能“上天言好事，下界保平安”。

春联的书写与张贴具有较强的仪式感，书写前要选时，一般在茶余饭后，裁纸、研墨、燃香。家人们围坐一旁，纷纷发表见解，为书写仪式营造了和谐的家庭氛围。张贴春联时，必先打扫庭院，然后分工合作，涂胶、张贴及远距离调校左右联高度等，张贴完毕，还要

---

① 徐琳．跨文化语境中的中国春联及其应用推广研究[D]．重庆：重庆师范大学，2011.

念叨几句诸如“吉神到家”“吉祥平安”等话语，祈求新的一年生活更加美好，生活的仪式感愈显浓厚。

春联是中国特有的文学艺术形式，在形式上集书法艺术、联名艺术、纸张和墨色制作工艺于一身，在内容上运用诗、词、赋等文体，是中国诗词语言文化精华的集中体现，蕴含着深厚的传统文化内涵，兼具装饰功能和艺术价值。春联作为传统习俗的重要组成部分，在规范言行、传承孝道、增强生活仪式感等方面发挥着积极作用，使得春联能够千年传承，家喻户晓，成为世界上最伟大、最瑰奇的艺术形式之一。

关 键 词

【春联】指中国新年时用红纸书写吉祥语句贴于门上的喜庆元素。

【桃符】即春联，中国新年习俗之一。

3 文化知识

3.1 春晚[①]

作为展示中华优秀传统文化的重要平台，春节联欢晚会（简称“春晚”）自诞生以来，不仅是中国人民欢度春节的重要仪式，而且成为世界了解中国、感知中国的重要窗口。每年除夕夜，海内外亿万观众守候在电视屏幕前及通过各新媒体平台收看春晚直播，迎接中国农历新年的到来。这一仪式性的庆典节目和文化景观，具有强烈的现实意义和美学价值。

2024 年 2 月 9 日，中央广播电视总台（以下简称“总台”）充分发挥全媒体多语种融合传播优势，向世界奉献了总台春晚这场中国文化视听盛宴。截至 2024 年 2 月 12 日，总台春晚相关报道海外传播效果实现全面突破，各项传播数据均创历史新高。总台联动全球 200 个国家和地区的 2300 多家媒体对春晚进行同步直播和报道，多语种春晚报道海外阅览量达 11.42 亿人次，视频观看量达 3.31 亿人次；央视网海外社交平台直播播放量达 7930 万次，较上年提升 53.21%。2024 年 2 月 15 日出版的《参考消息》刊登美国外交学者网站文章《春晚提供了理解中国的绝佳窗口》，文中写道：“中国把文明话语体系列为民族自豪感的源泉，把春晚当成突出传统文化的重要媒介。春晚不仅展现了中国丰富的传统文化，宣扬了被社会广泛接受的情感和道德（比如全民健身、代际和睦和民族团结等），而且充当了应对国内外复杂信息流的重要平台。节目特别强调了文明自豪感，展现了在国际代表性上的精心策划和对民族多样性的细致处理。通过这一文化、社会和政治景观，春

① 范涛．2024 年总台春晚跨文化传播策略与效果[J]．中国视听，2024(2)：27-30.

晚表达了一种'恰如其分'的感觉，表明中国政府善于打造出在国内外都能引起共鸣的国家叙事。”通过不断塑造中国国家形象、传递中国核心理念、提升中国文化感染力，春晚已发展成为特色鲜明的大型文化品牌，也是全世界收视率最高的节目之一。春晚跨文化传播的多元途径经历多年发展，已成为视听技术与文化发展相结合的产物，具有人民性、民族性、民俗性、时代性和国际性等特点。春晚已经成为国家交流和对外传播的品牌和名片，成为彰显中国文化软实力的代表之一，从而展示中国精神、中国价值、中国力量。春晚实现多元文化融合，促进国际文化创作。

春晚通过包含多种文化元素的节目，展现了不同文明的独特魅力，促进了不同文化之间的交流与理解。

关 键 词

【春晚】即春节联欢晚会，指中国为了庆祝新年而举办的文艺晚会。

3.2 春联的种类与特点①②

春联在漫长的历史发展过程中产生了很多附属的种类，如“春条”，形状为一张纸条而得名，根据人们祈盼的愿望不同，贴在不同的地方，大门口的墙壁上往往贴“出门见喜”“抬头见喜”等，床边的墙壁上是“身体健康”或“人口平安”，粮仓的墙上是“五谷丰登”“年年有余”，猪栏里则是“六畜兴旺”；如“门心”，因贴在门板的中心部位而得名，如单字“福”，另外还有斗方、横批等。春联在民俗中一直是以联对加横批的形式出现，这是民间约定俗成的形式。因此，不论是横批离开上下联，还是上下联离开了横批，都不能算是一副完整的春联，都失去了它们作为春联存在的意义，只有包括上下联以及横批才算是一副完整的春联。

中华民族自古以来就有讲求对称美的传统。相传伏羲氏“仰则观象于天，俯则观法于地。”于是，他在天地相连的地方“一画开天”，它就成为“易经”中太极的源头。这个象征阴阳的太极图就是先民对宇宙间对称美的诠释。对称美体现了中国早期朴素的辩证法的思想。古代的建筑，无形的心线会把整个建筑分为相同的两部分，从而体现了建筑的对称美。在春联的语言中，我们同样可以看到对称美的表现。春联分为上联和下联，这两联一般字数相等、文字精练、内容相关，具有极强的节奏感。一般春联有一字联、四字联、七字联、八字联、九字联、十二字联、十三字联。另外，上联和下联所用词组的词形和结构要保持一致。例如，“百世岁月当代好，千古江山今朝新”，此联上联与下联字数相等，是七字联；“百世岁月”与“千古江山”相对，都是偏正短语；“当代好”与“今朝新”相对，都是中补短语，上下联内容相关，读起来也具有较强的节奏感，朗朗上口。这样的春联还有“一年四季

① 徐琳．跨文化语境中的中国春联及其应用推广研究[D]．重庆：重庆师范大学，2011.

② 郭娜．从语言学角度探析春联的文化内涵[J]．长治学院学报，2011，28(06)：73-75.

关 键 词

【十二生肖】又称十二属相，是中国与十二地支相配以人出生年份的十二种动物，包括鼠、牛、虎、兔、龙、蛇、马、羊、猴、鸡、狗、猪。

【十二地支】地支，也是中华民族用来记录时间的文字，叫作十二地支。十二地支分别为：子、丑、寅、卯、辰、巳、午、未、申、酉、戌、亥。

4 教材里的故事

4.1 北京的春节①

按照北京的老规矩，春节差不多在腊月的初旬就开始了。“腊七腊八，冻死寒鸦”，这是一年里最冷的时候。可是，到了严冬，不久便是春天，所以人们并不因为寒冷而减少过年与迎春的热情。在腊八那天，家家都熬腊八粥。这种特制的粥是祭祖祭神的，可是细一想，它倒是农业社会一种自傲的表现——这种粥是用各种米、各种豆，与各种干果（杏仁、核桃仁、瓜子、荔枝肉、莲子、花生米、葡萄干、菱角米……）熬成的。这不是粥，而是小型的农业产品展览会。腊八这天还要泡腊八蒜。把蒜瓣放到高醋里，封起来，为过年吃饺子用。到年底，蒜泡得色如翡翠，醋也有了些辣味，色味双美，使人忍不住要多吃几个饺子。在北京，过年时家家吃饺子。从腊八起，铺户就加紧上年货，街上增加了货摊子——卖春联的、卖年画的、卖蜜供的、卖水仙花的，等等，他们都是只在这个季节才会出现的。

腊月二十三过小年，差不多就是过春节的“彩排”。过了二十三，大家就更忙了，春节眨眼就到了啊。在除夕以前，家家必须把春联贴好，必须大扫除一次，名曰扫房。必须把肉、鸡、鱼、青菜、年糕什么的都预备充足，至少足够吃用一个星期的——按老习惯，铺户多数关五天门，到正月初六才开张。假若不预备下几天的吃食，临时不容易补充。

除夕真热闹。家家赶做年菜，到处是酒肉的香味。老少男女都穿起新衣，门外贴好红红的对联，屋里贴好各色的年画，哪一家都灯火通宵，不许间断，鞭炮声日夜不绝。在外边做事的人，除非万不得已，必定赶回家来，吃团圆饭，祭祖。这一夜，除了很小的孩子，没有什么人睡觉，都要“守岁”。

初一的光景与除夕截然不同：除夕，街上挤满了人；初一，铺户都上着板子，门前堆着昨夜燃放的爆竹纸皮，全城都在休息。男人们在午前就出动，到亲戚家、朋友家去拜年。女人们在家中接待客人。城内城外有许多寺院开放，任人游览，小贩们在庙外摆摊儿，卖

① 引自小学《语文》六年级下册第一单元第1课《北京的春节》（人民教育出版社，2019版）。

茶、食品和各种玩具。北城外的大钟寺、西城外的白云观、南城的火神庙（厂甸）是最有名的。可是，开庙最初的两三天，并不十分热闹，因为人们正忙着彼此贺年，无暇顾及。到了初五初六，庙会开始风光起来。孩子们特别热心去逛，为的是到城外看看野景，可以骑毛驴，还能买到那些新年特有的玩具。白云观外的广场上有赛轿车赛马的，在老年间，据说还有赛骆驼的。这些比赛并不为争谁第一谁第二，而是在观众面前表演骡马与骑者的美好姿态和娴熟技能。

多数铺户在初六开张，又放鞭炮，从黎明到清早，全城鞭炮声不绝。虽然开了张，可是除了卖吃食与其他重要日用品的铺子，大家并不很忙，铺中的伙计们还可以轮流去逛庙会、逛天桥和听戏。

元宵（或汤圆）上市，春节的又一个高潮到了。除夕是热闹的，可是没有月光；元宵节呢，恰好是明月当空。大年初一是体面的，家家门前贴着鲜红的春联，人们穿着新衣裳，可是它还不够美；元宵节，处处悬灯结彩，整条大街像是办喜事，火炽而美丽。有名的老铺都要挂出几百盏灯来：有的一律是玻璃的，有的清一色是牛角的，有的都是纱灯；有的通通彩绘《红楼梦》或《水浒传》故事，有的图案各式各样。孩子们买各种花炮燃放，即使不跑到街上去淘气，在家中也照样能有声有光地玩耍。家中也有灯：走马灯、宫灯、各形各色的纸灯，还有纱灯，里面有小铃，到时候就叮叮地响。大家还必须吃元宵啊。这的确是美好快乐的日子。

4.2　节日与庆祝[①]

世界各地都庆祝各种节日。节日的由来五花八门，比如时节、宗教、著名人物及重要事件。每个节日都有其不同的习俗和独特的魅力。然而，无论它们多么迥异，在世界各地，分享快乐、感恩、友爱或和平的精神存在于所有节日之中。

在所有的传统节日中，丰收节几乎可见于每一种文化之中。这一重大的农业节日在所有农作物收成后来临。人们举行庆祝活动，对这一年收获的食物表达感恩。在古埃及，人们于春季庆祝丰收节——即埃及的丰收季。庆祝活动主要是游行和丰盛的筵席，载歌载舞，并伴有体育活动。如今，在一些欧洲国家，人们用鲜花和水果来装饰教堂和市政厅，聚在一起共享大餐，以示庆祝。在中国的中秋节，家家户户欢聚一堂，观赏明月，品尝美味的月饼。

风俗在节日中扮演重要角色，但有时也随时间而变化。随着现代社会的发展和新思想的传播，有些传统会渐渐消失，而另一些传统则得以建立。中国春节燃放鞭炮以驱鬼神、贺新年这一典型风俗就是一个例子。如今，为了避免空气污染，许多大城市已经摒弃了这一风俗。另一个例子是万圣节，虽然起源于宗教，但万圣节渐渐成了孩子们纵情玩乐的一个节日。

① 引自中学《英语》高中必修第三册《Festivals And Celebrations》（人民教育出版社，2023 版）。

节日正变得越来越商业化,商家会利用这些庆祝活动进行促销。购物网站和社交媒体应用程序极大地方便了人们为至亲至爱花更多钱购买礼物。尽管有人认为节日不应该被商业化,但是也有人认为消费增长有利于提振经济和公众幸福感。

节日是社会的一个重要组成部分。节日反映了人类的愿望、信仰、信念以及对生活的态度。节日是让我们放松心情、享受生活、暂时忘却工作的时刻。节日让我们了解我们来自何方、我们是谁、我们应该感恩什么。此外,如果你仔细研究各种节日,你会惊奇地发现不同的文化实际上有很多共同之处。

5 跨文化访谈

5.1 访谈对象情况简介

访谈对象:匿名

国家/地名:隐去

访谈语言:英文

5.2 访谈内容

采访者: Do you remember the story of “Nian” mentioned in my presentation? Do you have similar historical stories or mythologies in your culture? Could you please share it with us?

被采访者:I still remember the story but actually we don’t have the same story or mythological story in our culture as a moroccan but we relate it to agriculture period.

采访者: Should “中国新年” be called “Lunar New Year” or “Chinese New Year” from your point of view?

被采访者: Lunar new year. It will be more significant because it will be more general and easy to understand the reason of that.

采访者:I remember you have told us something about the special changes in calendar in your culture and your most important festival of the year. Could you please introduce it more clearly and systematically to us?

被采访者: Actually like our calendar, it depends on the moon, the changes of the moon and we count the mouth by the changes of the moon. So for example like sometimes we have twelve months and the months it’s between 29 days to 30 days. That why we have the chances that sometimes we have 360 days and sometimes we have less so and like there is more important festival and it depends on our religion as Muslims. So as a ramadan we first on this day as like this period, we have also like the Spring Festival like we celebrate the agricultural year. Considering this part because we don't know, if we will finish fully the month or not, it depends on the moon because sometimes we can have like three months with 29 days and sometimes we can have a full month with 30 days. So it depends on the moon.

第二单元

儒家思想

1 文化符号:《论语》

孔子与《论语》

《论语》[①]是儒家智慧的璀璨明珠,在中国悠久的历史长河中,这部经典著作如同一盏明灯,照亮了华夏儿女的心灵之路。作为儒家学派的奠基之作,《论语》不仅承载着孔子及

① 杨树增. 经典品读书系:论语[M]. 北京:蓝天出版社,2013.

其弟子的思想精髓，更深刻地影响了中国乃至东亚地区的文化、教育、政治等多个领域。

《论语》是由孔子的弟子及再传弟子编撰而成，全书以语录体和对话体为主，记录了孔子及其弟子的言行。这些言简意赅、富含哲理的话语，如同一颗颗璀璨的明珠，串联起儒家思想的脉络，展现了孔子对于仁、义、礼、智、信等核心价值的深刻理解和独到见解。

在《论语》中，“仁”是孔子思想的核心。孔子认为，“仁”是人之所以为人的根本，是处理人际关系、实现社会和谐的基石。他强调“仁者爱人”，即要有爱心、同情心，关心他人、尊重他人。同时，孔子还提出了“己所不欲，勿施于人”的黄金法则，这一思想至今仍被视为人际交往的基本准则。

《论语》中还蕴含了丰富的教育和学习智慧。孔子主张“有教无类”，即教育不应该受到社会地位、财富等条件的限制，每个人都应该有接受教育的机会。他强调“因材施教”，即根据学生的不同特点和需求进行有针对性的教学。此外，孔子还提出了“学而不厌，诲人不倦”的学习态度，鼓励人们不断学习、不断进步。

《论语》体现了孔子对于理想社会的追求。他主张“为政以德”，即通过道德教化来治理国家，实现社会的和谐与稳定。孔子认为，君主应该以身作则，成为人民的楷模；同时，他也强调了“礼”的重要性，认为“礼”是维护社会秩序、规范人们行为的重要工具。

《论语》自问世以来，便对中国乃至东亚地区的文化、教育、政治等多个领域产生了深远的影响。它不仅被历代统治者视为治国理政的宝典，也被广大士人视为修身、齐家、治国、平天下的指南。时至今日，《论语》中的许多思想仍然具有现实意义，为我们提供了宝贵的精神财富和人生智慧。

《论语》作为儒家智慧的璀璨明珠，不仅是中国传统文化的瑰宝，也是全人类共同的精神财富。它以其深邃的思想、独特的魅力，跨越时空的界限，继续照亮着人类前行的道路。

儒家思想相关视频

建议随堂播放“2008 年北京奥运会孔子三千弟子吟诵《论语》”视频。

【活动】

Q1：随堂观看 2008 年北京奥运会开幕式中的孔子三千弟子吟诵《论语》片段，并朗诵一句《论语》中的句子。

Q2：想一想这句话是什么意思呢？

2 文化隐喻：曾子杀猪的故事[①]

曾子杀猪的故事，是一则流传千古的儒家教育故事，深刻体现了诚信与教育的重要性。

曾子（即曾参），春秋末年鲁国人，是孔子的弟子，以孝道和诚信著称。曾子的妻子要

① 李程．曾子“诚信”思想发微——以“四书”为中心[J]．临沂大学学报，2013(1)：47-49.

去集市，儿子哭闹着要跟随。为安抚儿子，妻子随口说："你回去，等我回来杀猪给你吃。"妻子从集市回来后，发现曾子正在准备杀猪。妻子急忙制止，解释说那只是为了哄孩子而说的玩笑话。曾子严肃地指出："小孩子是不能和他开玩笑的。小孩子是不懂事的，要跟父母逐步学习，并听从父母的教诲。现在你欺骗他，是教他学会欺骗。母亲欺骗儿子，儿子就不会相信自己的母亲，这不是把孩子教育好该用的办法。"曾子坚持杀猪，兑现了对儿子的承诺。这一行为不仅教育了儿子要言而有信，也向家人和社会传递了诚信的重要性。

曾子杀猪的故事有其深刻寓意，其一，诚信教育：曾子杀猪的故事强调了诚信在家庭教育中的重要性，父母是孩子的第一任老师，他们的言行举止对孩子有着深远的影响，父母应该以身作则，诚实守信，为孩子树立良好的榜样；其二，言出必行：故事中的曾子用实际行动诠释了"言出必行"的道理，他认为对孩子的承诺必须兑现，否则就会教会孩子欺骗和失信；其三，家庭教育：故事反映了古代儒家文化背景下的家庭教育理念，在那个时代人们非常重视家庭教育的作用，认为家庭是孩子成长的第一课堂，父母应该承担起教育孩子的责任，通过言传身教的方式培养孩子良好的品德和行为习惯。

曾子杀猪的故事不仅是一则生动的家庭教育故事，更是一则富有深刻寓意的诚信教育故事。它告诉我们：诚信是立人之本、齐家之道、交友之基、为政之法、经商之魂、心灵良药。无论时代如何变迁，诚信的价值永远不会改变。

关 键 词

【曾子】曾子，名参，字子舆，是春秋末年鲁国南武城人(今山东嘉祥县)。

3 文化知识：儒家学派[①]

儒家学派是中国古代的主流思想体系之一，其学说深刻影响了中国几千年的文化和社会，它的三个主要代表人物是孔子、孟子和荀子。孔子是儒家学派的创始人，提出了"仁"和"礼"的核心思想；孟子是儒家学派的重要代表人物之一，主张性善论和仁政，强调通过内省和教育提升个人品德；荀子是儒家学派的另一位重要代表人物，主张性恶论和礼法并用，认为通过外在的礼法约束和内在的道德修养可以实现社会的和谐。

儒家学派起源于春秋时期，由孔子所创立。孔子，名丘，字仲尼，是中国古代伟大的思想家、教育家，他提出了"仁"和"礼"的核心思想，为儒家学派奠定了理论基础。孔子之后，儒家学派经历了不同的发展阶段，形成了多个学术流派，其中最为人所知的是战国时期的儒家八派(子张之儒、子思之儒、颜氏之儒、孟氏之儒、漆雕氏之儒、仲良氏之儒、孙氏之儒、乐正氏之儒)以及后世的宋明理学等。

儒家学派的核心思想可以概括为"仁"和"礼"。其中，"仁"是儒家思想的核心，强调人

① 根据百度百科、百度 AI 智能助手提供资料整理。

与人之间的关爱与和谐，倡导统治阶级体察民情，反对苛政；“礼”则要求人们克制自己，遵循社会规范和秩序，以实现贵贱有序、和谐共生的社会状态。此外，儒家还强调道德修养、心性修养、内省和教育的重要性，认为通过这些途径可以提升个人品德，实现社会的和谐与稳定。

儒家思想对中国文化的影响深远，几千年来的封建社会，中国人代代传授的不外乎“四书”“五经”。儒家思想所强调的责任思想（以天下为己任）、忠孝思想（仁、义、礼、智、信）、恕的思想（己所不欲，勿施于人）、伦理思想（修身、齐家、治国、平天下）等，都是儒家思想与专制统治结合的结果。在现代社会，儒家思想仍然具有重要的启示作用，对于提升个人品德、维护社会秩序、促进社会和谐等方面仍具有重要的价值。

关 键 词

【孔子】孔子，名丘，字仲尼，是春秋时期的伟大思想家、教育家和儒家学派的创始人。他生于鲁国（今山东曲阜附近），强调“仁”与“礼”作为个人修养和社会秩序的基础。孔子主张以仁爱之心待人，通过教育和自我修养来提升个人品德，同时认为礼制是维护社会秩序的重要手段。他提倡“有教无类”，即教育不应受社会地位和财富的限制，应普及于所有人。孔子的思想对中国乃至东亚地区的文化、教育、政治等方面产生了深远的影响，被后世尊称为“至圣先师”。

【性善论】性善论是战国时期儒家学者孟子提出的一种人性理论。孟子认为，人性本质上是善良的，人之为善，是其本性的自然表现；而人若不为善，则是违背了其本性。它强调了人性中的善良本质和向善的潜力，为人们提供了道德自我完善的方向和动力。同时，性善论也是孟子仁政学说的理论基础，主张通过教育和修养来引导人们向善发展，进而实现社会的和谐与稳定。

4 教材里的故事

4.1 “百家争鸣”和儒家思想[①]

商周时期，官府垄断了学校教育和一切学术文化。那时，只有贵族才有机会接受教育，平民百姓不能进入校门。这种官学合一的文化现象，被称为“学在官府”。到了春秋战国时期，教育和学术逐渐下移，从“学在官府”发展为“学在民间”，这就为“百家争鸣”局面的出现创造了条件。

春秋战国时期，中国社会发生重大变革，原来社会地位较低的士，在社会生活中活跃起来，受到各诸侯国统治者的重用。他们代表本阶层或政治派别的利益和要求，提出自己

① 引自中学《历史》高中必修第三册《“百家争鸣”和儒家思想》（人民教育出版社，2016 版）。

的主张。政治和经济大变动导致教育和学术领域也发生变化，贵族垄断教育、学术的局面被打破，出现了私人讲学，平民百姓也开始接受教育。这样，在社会上形成一些以传播文化、发展学术为宗旨的学者和思想流派。这些学者和思想流派，被称为“诸子百家”。

诸子百家的代表人物有道家学派的老子和庄子，儒家学派的孔子、孟子和荀子，墨家学派的墨子，法家学派的商鞅、韩非子等。这些学派互相诘难、批驳，形成了“百家争鸣”的局面，各家彼此吸收、融合，逐步形成了中国的传统文化体系。

“百家争鸣”是中国历史上第一次思想解放运动，是中国学术文化、思想道德发展史上的重要阶段，奠定了中国思想文化发展的基础。

4.2 孔子和早期儒学

春秋晚期，孔子创立儒家学派。孔子的思想核心是“仁”。他认为仁就是爱人，要求人与人之间要互相爱护、融洽相处；实现“仁”，要做到待人宽容，“己所不欲，勿施于人”。孔子强调统治者要以德治民，爱惜民力，取信于民，反对苛政和任意刑杀。他希望恢复西周的礼乐制度，主张“克己复礼”，使每个人的行为符合礼的要求。

孔子首创私人讲学，主张“有教无类”，认为不分贫富贵贱，人人都有受教育的资格，打破了贵族垄断文化教育的局面。

战国时期，孟子和荀子是儒家学派的两位重要代表人物。孟子发展了孔子“仁”的思想，主张实行“仁政”，进一步提出“民为贵，社稷次之，君为轻”的民本思想。在伦理观上，孟子主张“性本善”，认为人的天性是善良的，恻隐、羞恶、恭敬、是非之心，人皆有之，所以要实行仁政来恢复和扩充人的善性。

荀子也主张统治者施政用“仁义”和“王道”，以德服人，并提出“君者舟也，庶人者水也。水则载舟，水则覆舟”的著名论断，强调人民群众的力量巨大。荀子提出“人之性恶”，认为人生来本性是恶的，强调用礼乐来规范人的行为，使人向善。

孟子、荀子对儒家思想加以总结和改造，又吸收了一些其他学派的积极合理成分，使儒学体系更加完整，儒家思想更能适应社会的需要。战国后期，儒学发展成为诸子百家中的蔚然大宗。

5 跨文化访谈

5.1 访谈对象情况简介

访谈对象：匿名

国家/地区：南非

访谈语言:英文

5.2 访谈内容

采访者:How do you feel after watching the video?

N1:It was cool. I really like the music. Good message.

采访者:This is a clip from China National Opera & Dance Drama Theater's large-scale folk dance drama *Confucius*. The main character of the video is Confucius, what kind of image do you think this clip Sherryows of him?

N1:I get a general idea that he was a scholar and he gathered some students and they traveled around to learn from different people.

采访者:You are correct that Confucius was a great educator and the others in the video were his disciples. How about his emotion?

N1:He looked sad, maybe because of something about marriage.

采访者:Actually, what saddened him had nothing to do with marriage. The video does mention marriage, and at the very beginning, there are references to valley winds and other circumstances. This is a technique of Chinese poetry: Qixing. It refers to the external environment that triggers the poem to rise.

N1:So Confucius was inspired to write poems by seeing those natural scenes and others getting married right?

采访者:Yes. And Confucius felt sad because the times he lived in were full of wars and the people were suffering. Confucius had many great ideas and wanted to save the country and the people. But his ideas of ruling the country were not accepted by the rulers.

N1:So it is. I have another question, later in the video, I can hear a denser sound like reading in the background, what is that?

采访者:At the end are the disciples of Confucius or later generations reciting the classic phrases from the Analects of Confucius. The Analects record the very words of Confucius, his thoughts. So this also means that the spirit of Confucius lives on and will continue to be practised all the time.

N1:I get it.

采访者:So that's all for this video. And I want to ask you some other questions. Are there any teachings or principles from your cultural background that resonate with Confucian ideas? How has this impacted your perspective?

N1:Can I talk about religion? So I grew up christian. I went to church and all of that and most of the country as well. Most of us are christians. And I think at home were very

3. 信阳毛尖茶

https://www.chinadaily.com.cn/a/202305/23/WS646c67aca310b6054fad4a4a.html

【活动】

请你猜测以下两幅图,哪一幅才是正确的端茶杯姿势。

敬茶手型一

敬茶手型二

2 文化隐喻

2.1 盖碗茶的前世今生

回族普遍喜好喝茶,茶是回族生活中必不可少的传统饮料,其中最具特色的要算是中国西北地区的盖碗茶,喝盖碗茶是回族区别于其他民族的最重要的生活习俗之一。

盖碗茶

盖碗，俗称“三炮台”盖碗茶，又称为三才碗，由茶碗、茶盖、茶船三件套组成，所谓三才即天、地、人。茶盖在上谓之天，茶船在下谓之地，茶碗居中是为人。时刻提醒品茶之人要有胆量、有胸怀、有气节。一般讲究一些的回族家庭都备有这种盖碗，客人来临，就用盖碗泡茶，以示对客人的尊重。

前世

公元 1251 年，忽必烈率军南征云南，出身伊斯兰教宗教世家的赛典赤・瞻思丁奉命运送军需。有一年率领穆斯林军士在鄯阐城修建清真寺，天气炎热，瞻思丁操劳过度，中暑昏倒。一位叫尤努斯的老人急忙用花瓷碗放上茶叶、果干、菊花泡了一碗味道香浓的药茶，老人怕灰尘弄脏了茶水，就用一个瓷盘盖在碗上。老人端上药茶让瞻思丁喝，瞻思丁一口气喝下，顿感清甜香郁，暑气顿消。瞻思丁细细看了瓷碗里的用料，夸赞道：“美哉，盖碗茶。”

从此，云南的回族人民开始喝起了盖碗茶。喝茶的瓷碗和瓷盘演化成今天盖碗这种“三炮台”样式。

公元 1291 年，瞻思丁的儿子纳速剌丁从云南调任陕西行省平章政事，把喝盖碗茶的风俗传到了陕西，后来随着战乱迁徙，这一习俗也就传到了宁夏、甘肃、青海、新疆等地。

今生

现在，喝盖碗茶不仅是回族延续下来的古老习俗，也成为回族人民待客的最高礼节，正所谓“客人远至，盖碗先上”。遇到开斋节、圣纪节、古尔邦节、婚嫁等喜庆之事，回族不但自己喝盖碗茶，也用香甜酌美的盖碗茶招待客人。一些商家也看好回族人民喜喝盖碗茶这一习俗，专门制作加工成配套的盖碗茶用料，既赚了钱，又方便了回族群众的生活。值得一提的是，时下的一些高档宾馆、饭店、街道里的小饭馆，也用香甜酌美的盖碗茶招待客人，一些专供喝茶的茶馆也都配有盖碗茶。回族的盖碗茶不仅是回族的习俗，也被其他民族接受认可，成为中国茶文化中不可缺少的一部分。

成都茶馆

蜀地茶韵，源远流长。到了清末，成都的茶文化达到了一个高峰。“那个时候，大江南北的人都会聚到了成都，他们带来了各地的茶文化，与成都的茶文化相互融合，形成了独特的成都茶文化。”刘孝昌说道。当时的成都，茶铺的数量非常多。据说，当时成都只有 516 条街，但茶铺就有 454 家。1935 年，成都《新闻》报载，成都每天茶客达 12 万人之多，而当时全市人口还不到 60 万①。

① 王茹懿．小小盖碗茶蕴含着成都人的个性和智慧[N]．成都日报，2024-05-10(4).

关 键 词

【回族】回族是中国人口较多的一个少数民族，宁夏回族自治区是其主要聚居区，伊斯兰教是回族主要的宗教信仰。

【三炮台】三炮台又称为三才碗，由茶碗、茶盖、茶船三件套组成，所谓三才，即天、地、人。

2.2 大话茶史[①]

中国最著名的品茶家就是唐代陆羽，他写的《茶经》可谓当时茶艺的最高境界。陆羽原是复州竟陵(今湖北天门)某寺庙的一个小和尚，他逃下山去，不走仕途，一心只做茶学问，呕心沥血数年，成就了世界第一部茶叶专著《茶经》。茶艺非常讲究沏茶水质、器具及操作，还讲究饮茶环境、气候和人物气质、礼仪等。约几个志同道合的朋友，在风清日朗之时，备几样精致典雅的茶具，品茶吟诗。点茶至此已成为一种最健康实惠、最高雅的大众饮品，宋朝人喝茶喝出了游戏，称之为“斗茶”和“分茶”。

宋朝人喝茶，喜将茶叶研成碎末后，装在大瓷碗里用开水冲，这一冲冲出了艺术。一手向碗里注水，一手拿一柄竹制的茶筅搅动，配以动作的轻重缓急，茶水的形、色各不相同。这就分出了茶叶和技艺的优劣，于是就有了“斗茶”，比比谁的茶叶好，从官家一直斗到民间。等到了南宋，民间则是流行“分茶”，又称“茶百戏”，就是对茶汤的一种玩赏，沸水冲击茶叶，再经竹筅搅拌，便会变换出形形色色的水纹，像花鸟、山水、人物、书法等，技术好的人可以随意分出各种形象。明人和清人的喝茶方式和今天相似，抓一撮茶叶放入杯子，开水冲泡。这个时期清饮开始成为主流，喝茶强调天趣悉备、自然真味。一些文学著作中还有“雪水烹茶”的描写，“……雪下在粉壁间太湖石上甚厚，拿一茶罐，亲自扫雪，烹江南凤团雀舌牙茶与众人吃。正是‘白玉壶中翻碧浪，紫金杯内喷清香。’”当然，雪水烹茶，本是文人追求的雅事，目的是在幽雅的茶事中寻找一种内在性灵的愉悦。现代人喝茶方式多种多样，不胜枚举。一般来说，汉族人尚清饮，南方善品小盏，北方多喝大碗茶。维吾尔族人喝的是奶茶和香茶。蒙古族人喝的是咸奶茶。傣族、拉祜族

茶百戏

① 董成家．大话茶史[J]．少年月刊，2014(Z3)：87-89.

人喝的是竹筒香茶，将茶放在嫩甜竹（又叫香竹或金竹）筒内经过特殊方法制作而成的。此外，别具一格的还有纳西族的城斗茶、傈僳族的雷响茶、布朗族茶、白族的三道茶、土家族的雷茶，多姿多彩的吃茶方式，正是现代中国人生活方式精彩纷呈的真实写照。

关　键　词

【《茶经》】《茶经》是唐代陆羽创作的茶学专著，是中国乃至世界现存最早、最完整、最全面介绍茶的专著，被誉为茶叶百科全书。

【分茶】分茶一般指点茶，是唐宋时期的一种沏茶方法，点茶的发展是“兴于唐、盛于宋”。

3　文化知识

3.1　禅茶一味①

“禅茶一味”是禅茶文化的一种表现形式，也是禅茶文化的核心内容之一。

以禅入茶抑或是以茶入禅为载体的文化，发轫当自晋代，几经浮沉，从唐宋兴盛至明清衰落，然而在近十年重又复兴。这其中况味有雅有俗。从雅上论，茶自从成为“饮品”之后，很快就成为一种文化现象，从佛教传入又“因缘具足”成了“和尚家事”。尽管两千多年历经坎坷，却是延续不断，至今在市场经济社会有诸多人大有浮躁之心、名利之欲，社会有识之士认准了“禅茶一味”是清凉剂，青睐有加，所以这四个字被人大书特书。从俗上论，也正因今日人心浮躁加上名利的驱使，一些商人也借势把“禅茶一味”这种文化现象拿来炒作，并且把“禅茶”概念植入商品来赚钱。生活离不开雅——琴棋书画诗曲茶之“茶”，人之向往；也离不开俗——柴米油盐酱醋茶之“茶”，人之必需。前者属形而上，为精神层面，意不在茶；后者属形而下，为物质层面，少涉文化。凡事能雅能俗、雅俗同兴才是茶文化发展之本！

3.2　禅茶文化中的茶①

毋庸置疑，中国是世界茶树的原产地，有关对植物学研究方面，茶树所属的被子植物门，起源于距今一亿年前的晚白垩纪，而其中的山茶目植物，约产生在六千万年以前。人类发现茶和利用茶树，最早是采自野生，是为药用。按照《神农本草经》中的记载来推算，中国人在利用茶方面已经有五千年的历史。一个很有趣的现象是，中国五千年的茶文化一直是伴随中国五千年的文明史一同走来，这是事实。无形中也增加了茶文化在中国传

① 舒曼．“禅茶一味”综述［J］．农业考古，2013(5)：221-230．

统文化中的加分因素,使之当今茶文化大兴。

关于茶树的品种、命名、分类,以及茶树的形态特征,非本文题旨所要,不谈。单就对一个从茶树上摘下"茶"的物态理解,它仅仅就是一片含有茶氨酸的"叶子",是制作饮料的原料。但恰恰是这片"叶子",因有了五千年文化的附加值,使得它已经超越了"物态"和"制度"文化,落在了"心态"和"行为"文化这一核心价值上面,继而又回归到东方文化最大的哲学命题上面——"道"。怎样理解?重点在于禅茶文化在"雅志"的功能上,通过"自心"抵达茶之"六心"——茶可清心,茶可静心,茶可净心,茶可敬心,茶可安心,茶可明心。而禅呢?亦然!大乘佛教普施"无缘大慈,同体大悲"之心,因为有心,一切众生皆有佛性。因为有心,禅茶便成一味了。

关　键　词

【雅俗共赏】形容某些文艺作品既优美,又通俗,各种文化程度的人都能够欣赏。出自于明·孙人儒《东郭记·绵驹》:"闻得有绵驹善歌,雅俗共赏。"中国古代对汉字构造和用法的六种基本分类。

【《神农本草经》】是中医四大经典著作之一,作为现存最早的中药学著作,约起源于神农氏,后由众多医学家搜集、总结、整理当时药物学经验成果的专著,是对中国中医药的第一次系统总结。

4　教材里的故事

4.1　An Accidental Invention[①]

Did you know that tea,the most popular drink in the world(after water),was invented by accident? Many people believe that tea was first drunk about 5000 years ago. It is said that a Chinese ruler called Shen Nong was the first to discover tea as a drink. One day Shen Nong was boiling drinking water over an open fire. Some leaves from a tea plant fell into the water and remained there for some time. It produced a nice smell so he tasted the brown water. It was quite delicious,and one of the world's favorite drinks was invented. A few thousand years later,Lu Yu,"the sage of tea",mentioned Shen Nong in his book Cha Jing. The book describes how tea plants were grown and used to make tea. It also discusses where the finest tea leaves were produced and what kinds of water were used. It is believed that tea was brought to Korea and Japan during the 6th and 7th centuries. In England,tea didn't appear until around 1660,but in less than 100 years,it had become the na-

① 引自中学《英语》高中必修一《When Was It Invented?》(人民教育出版社,2014 版)。

tional drink. The tea trade from China to Western countries took place in the 19th century. This helped to spread the popularity of tea and the tea plant to more places around the world. Even though many people now know about tea culture, the Chinese are without doubt the ones who best understand the nature of tea.

4.2 南方地区[①]

长江以南的广大丘陵地区，红壤广布，农作物一年两熟到三熟，是我国重要的水稻、茶叶、甘蔗、油菜、蚕桑、柑橘、鲜花等产地，也是我国最重要的淡水鱼产区。

东南丘陵区是南方主要产茶地区之一，地形以丘陵、山地为主，地处亚热带，热量丰富，降水丰沛，是我国红壤分布最为集中的地区。该地区的地形、气候、土壤十分适宜茶叶的生长，使得东南丘陵区成为我国最大的茶叶产区。此外，东南丘陵区还是我国农、林、矿产等资源开发、利用潜力很大的地区。

茶园采茶

5 跨文化访谈

5.1 访谈对象情况简介

访谈对象：Hasan(哈桑)
国家/地区：孟加拉国
访谈语言：中文

5.2 访谈内容

采访者：哈桑，你是什么时候第一次接触到中国茶文化的？

哈桑：我第一次接触到中国茶文化是在我刚到中国的第一年。朋友带我去参加了一次茶博会，我们在博览会上了解了茶叶的种植、采摘、制作工艺，各种茶叶类型、茶叶制品，

① 引自中学《地理》初中八年级下册《南方地区》(人民教育出版社，2021 版)。

《墨梅图》[1]是中国元代著名画家王冕创作的作品，以其独特的艺术风格和意境而闻名。《墨梅图》是一幅传世之作，描绘了一枝枯梅在枝头上几朵娇艳的梅花，表现了孤寂清寒中的傲骨和顽强。

王冕通过简洁的线条勾勒和深浅不一的墨色运用，将墨梅的形态与气质展现得淋漓尽致。墨梅图横向画出折枝墨梅，构图清新悦目，梅枝俊秀，笔意简逸，笔墨浓淡相宜，表现出梅花生机盎然、清润洒脱的品质，同时也使得画面呈现出多而不繁、密中有疏的最佳艺术境界。整幅画散发着淡淡的忧郁与凄美，给人以静谧而悲凉的感受。

《墨梅图》在中国绘画史上具有重要地位，被誉为“梅花三绝”之一。王冕在艺术创作道路上，尤其是在追求梅花的自然之美的过程中，以极简的手法将自己的人性与品格巧妙地融入墨梅，体现出其傲世清高但不孤傲冷僻，在对现实社会与生活感到失望时更加深了对生活的热切信念，再加上其个性豪放，作品中也表露出那种生机盎然、奔放向上的精神气势。因此，《墨梅图》作为中国传统绘画的经典之作，启示人们在枯寂中追求生命的坚韧和美丽，体现了中国文化中对孤独、坚忍和清高的理解和欣赏。

中国画相关视频

1. CCTV 诗画中国《以墨问梅》

https://tv.cctv.cn/2022/08/28/VIDELUNPgW83YbcGNjQ65ik8220828.shtml

2. 用英语介绍中国文化——国画篇

https://www.chinadaily.com.cn/a/202503/19/WS67da2adfa310c240449dba62.html

【活动】

Q1：你能试着通过拼音朗读一下这首古诗吗？

Q2：想一想中国画需要通过使用哪些工具来完成呢？

2 文化隐喻：齐白石的爱国故事[2]

翻开中华民族五千年的文明历史，每一页都闪耀着爱国主义的光辉。在民族危难时刻，爱国精神得到彰显，无论是武将与文臣的抗争与牺牲，还是画家们以笔为刀枪，都展现了对祖国的忠诚与坚韧。抗日战争期间，许多爱国画家通过绘画表达对日本侵略者的愤怒和不满。著名国画大师齐白石便是其中之一。

有一次，国民党官员宣铁吾过生日，硬要邀请齐白石赴宴作画。齐白石来到宴会上，环顾了一下满堂宾客，略为思索，便铺纸挥洒。转眼之间，一只水墨螃蟹跃然纸上。众人赞不绝口，宣铁吾喜形于色。不料，齐白石笔锋轻轻一转，在画上题了一行字——“横行到

① 齐光雄．梅枝傲然亮风骨——王冕《墨梅图》的审美内涵赏析[J]．美术教育研究，2013(3)：10-11.

② 刘建业．浩气长存天地间——记齐白石的爱国情怀[J]．黄河之声，2015(20)：30-32.

几时”，后书“铁吾将军”，然后仰头拂袖而去。

又有一次，一个汉奸求画，齐白石画了一个涂着白鼻子、头戴乌纱帽的不倒翁，还题了一首诗：“乌纱白扇俨然官，不倒原来泥牢团。将汝忽然来打破，通身何处有心肝？”

1937 年“七七事变”之后，尽管我军做了殊死的抵抗，北平还是沦陷了。7 月底日军占领了北平，大汉奸王克敏、王揖唐成为日本统治华北的忠实走狗。这两个人平时以文人自居，附庸风雅，都曾与齐白石有过交往。但是齐白石鄙视他们认贼作父，断绝与他们来往。古都沦陷了，齐白石怕受汉奸、日军头目干扰，开始闭门不出。王克敏、王揖唐多次派人去请齐白石出面参加一些亲日的聚会，均被齐白石断然拒绝。后来当了华北政务委员会委员长的王克敏，曾亲自去齐白石家叙旧，以高价请齐白石为日本政要作画，齐白石均以各种借口推辞。

齐白石《墨虾》

日军进京后派汉奸控制了齐白石曾任教的“北平艺术学校”和“京华美术学校”,齐白石就毅然辞去了两校的职务,这两个职务均有较丰厚的待遇,靠授课卖画维持生活的齐白石,从此失去了一个主要的经济来源,加之拒绝日伪汉奸的订单,生活顿感拮据,但他宁愿节衣缩食,也不去领取日本人发的钱财。掌握北平大权的王克敏,见齐白石不与自己同流合污,竟下令让银行冻结了齐白石的存款。这让齐白石连平时吃饭都成了问题,只能布衣粗食,艰苦度日。但他并不为抵制日伪要员的行为后悔,在一幅《枇杷图》中齐白石题字道:“藤黄欲作黄金换,人笑黄金未是真。却胜昔人求米帖,文人比较画师贫。”

齐白石坚守自己的原则,不仅在艺术上展现非凡才华,更在道德品格上展现高尚情操。他的拒绝和坚持赢得了人们的尊敬与赞誉,展现出真正的爱国情怀和民族气节。

关　键　词

【**齐白石**】是中国近代杰出的国画大师,擅画花鸟、虫鱼、山水、人物。

【**爱国精神**】指对祖国的热爱、忠诚和奉献精神。

3　文化知识

3.1　中国画题材

中国画具有丰富多彩的艺术形式,其中的人物画、山水画和花鸟画是三种代表性的绘画类型。

人物画

人物画是中国画中的重要表现形式之一,专注于描绘人物形象、神态和情感。通过线条勾勒和色彩涂抹,人物画力求人物个性的逼真传神、气韵生动、形神兼备,其传神之法,常注重人物性格的表现,寓于环境、气氛、身段和动态的渲染之中,人物画展现出中国传统文化中的审美观念和情感表达。人物画在中国绘画历史上占有重要地位,常常反映出时代风貌和文化内涵,故中国画论又称人物画为“传神”。

山水画①

山水画是中国画中独有的艺术形式,注重表现自然风景、山川河流和云雾空阔。山水画强调意境与写意,追求笔墨相得益彰、气韵生动的艺术效果。山水画中笔墨的使用是中华民族在漫长的发展过程中,对于人道和天道的体验、思考与效法的一种独特的艺术表现

① 王逸滨. 中国传统山水画的美育价值探析[J]. 美与时代(中),2024(6):89-91.

吴道子人物画

形式。山水画渗透着画家对自然景观的敬畏与热爱，通过山水的表现，抒发了画家对大自然、人生、道义的思考与体悟。这些作品不仅是艺术的表达，还是对生活、对世界的深刻揭示与诠释，体现了东方文化的精髓与智慧。山水画以描写山川自然景色为主体，在魏晋南北朝时已逐渐从人物画中分离出来，形成独立的画料，到唐代已完全成熟。

黄公望《富春山居图》局部

花鸟画[①]

花鸟题材在中国文化中有着非常重要的地位。它既是中国优秀传统文化的重要符号，又是人们表达内心世界和情感的艺术语言。在中国文化中，鸟类、花卉等元素具有一定的象征意义。例如，百鸟朝凤的意象寓意着多元和平的政治生态；梅花代表坚贞、高洁和忍耐；兰花则象征高雅、清澈和高贵。通过细致的笔墨和色彩运用，花鸟画展示出植物与动物的生动形态和生命力，集中体现了中国人与作为审美客体的自然生物的审美关系，具有较强的抒情性。它往往通过抒写作者的思想感情，体现时代精神，间接反映社会生活，在世界各民族同类题材的绘画中表现出十分鲜明的特点。其技法多样，曾以描写手法的精工或奔放，分为工笔花鸟画和写意花鸟画（又可分为大写意花鸟画和小写意花鸟画）；又以使用水墨色彩上的差异，分为水墨花鸟画、泼墨花鸟画、设色花鸟画、白描花鸟画与没骨花鸟画。

唐寅《双雀迎春图》

① 张茜娜．中国国画中的花鸟题材解析[J]．中国民族博览，2024(3)：157-159.

3.2　中国画技法

在中国画中，工笔、写意和没骨是几种常见的技法。

工笔画[①]

在我国绘画发展的早期历史上，在绘画目的上基本都是追求写实的，但是因为受限于早期绘画器材和工具的影响，无法表现出真实精确的图像。而相对较为简洁的画面风格，在绘画技术发展、工具丰富以后，自然转变为精巧写实的工笔画风格，所以工笔画是指绘画发展上技巧不断成熟、工具不断先进而逐渐形成的绘画风格。

工笔画以精谨细腻的笔法来描绘景物，注重细节和精确描绘。这种技法要求画家在画面中使用细密的线条和繁复的色彩，以展现出清晰准确的形象。工笔画通常用于描绘人物、花鸟等细致主题，强调写实性和细节表现。

明代画家文伯仁花鸟工笔画

写意画

写意画是融诗、书画、印为一体的艺术形式。写意画是一种以意境为重，追求意境和情感表达的绘画方式。写意画的特点是用简洁而富有表现力的笔墨，抓住事物的灵魂和精髓，而不拘泥于细节描绘。写意画在表现形式上更加简练、自由，强调通过笔墨的运用来表达画家的情感和想法。

① 傅丽云．探究中国工笔画的写意性[J]．中国民族博览，2023(19)：182-184．

明代徐渭《墨葡萄》

没骨画[①]

没骨画是中国画中介于工笔画和写意画之间的绘画形式，作为中国画体系里一种独特的绘画技法，对中国绘画风格的形成有着重要的影响。没骨画“不以墨线勾轮廓”，强调画面的空灵和留白。在没骨画中，画家会借助淡墨、淡色和淡墨水的运用，通过轻柔的笔触勾勒出主题的轮廓，避免过多的细节和线条，把色彩作为造型与审美的主要手段及基本理念，并突出色彩在绘画表现中的主导地位和作用，以达到简洁而深远的效果。没骨画追求简洁、含蓄，让观者在留白中感受到无限的意境和想象空间。

---

① 陈欢迎，李琳．中国没骨画的脉络渊源及其绘画理念[J]．美与时代(中)，2024(4)：6-9.

清朝恽寿平没骨画精品《百花图卷》局部

关　键　词

【**中国画题材**】中国画的一种分类方式，分为人物、山水、花鸟。

【**中国画技法**】中国画的一种分类方式，分为工笔、写意、没骨等。

4 教材里的故事

4.1 画的常识[①]

绘画艺术有着悠久的历史,有各种各样的绘画类型。请看下面的画作,两人一组讨论以下问题。

流行的绘画类型主要有肖像画、静物画、风景画、城市风景画、现实主义绘画。

【活动】

Q1:你认为下面每幅画分别属于哪种类型?为什么?

Q2:你知道哪些著名的画家和画作?

① 引自中学《英语》高中选择性必修第一册《画的常识》(译林出版社,2020版)。

4.2　清明上河图①

张择端的《清明上河图》是中国艺术的杰作。此画为五米绢本长卷，它对于我们洞悉12世纪中国的生活面貌是极其重要的。人们通常认为，画中描绘的城市是汴京(今开封)，即北宋的都城。这幅古老画卷历经沧桑依旧完好，现藏于北京故宫博物院。

《清明上河图》局部

全画可分为三部分。第一部分展现了汴京近郊恬静的乡村生活，重点描绘了农田、蜿蜒而过的河流和辛勤劳作的农民。第二部分则展现了熙熙攘攘的河岸和中心桥，往来京城的船只穿梭着，城门处能看到进进出出的百姓。第三部分，同时也是最后一部分，描绘了城内的生活。我们能看到数以百计各行各业的人，肉贩、理发匠、官差，都在忙着各自的营生。三部分综合起来，观者便可对当时汴京人的生活状况有一个大致了解。

显然，张择端在整幅画中表现了他高超的艺术技巧。他施墨于绢，落笔之处，风景、建筑、人物无不逼真传神，同时展现出对透视法的精通。不过，此画最引人注目之处当是其精准细腻的笔法。凭借高超的技艺，以及恢宏的画幅，张择端刻画了海量的细节，哪怕端详几个小时，你还是会有新的发现。

多亏这些精准的细节，《清明上河图》全面展示了北宋时期的生活景象。它透露了12世纪中国在民俗、服饰、交通方式、商业活动，以及诸如庙宇、茶馆、政府设施等种类繁多的建筑方面的诸多细节。乍看上去，京城生活总体上安宁而欢愉。然而，有评论家指出，细心观察，这幅画其实揭露了严重的政治和社会问题。例如，有些运粮船看上去不像官船，这意味着官府已失去了对粮食供应和运输的控制；画中有些官兵似乎疏于职守；画中还表现了一些不好的苗头，不太容易察觉，比如，画卷中部有一艘船眼看就要撞到桥上。

① 引自中学《英语》高中选择性必修第一册《清明上河图》(译林出版社，2020版)

第五单元

中国建筑

1 文化符号:古代建筑

楼阁　桥

宫殿　亭廊

中国传统古建筑,按照单体形态可分为八种类型,如宫殿、桥、楼阁、亭廊轩等。宫殿专指帝王的居所或供奉神佛的大型建筑;桥是供人跨越河流山谷之用的建筑;楼的本意是重屋,也就是两层及以上的房屋,阁指带有平坐层的多层建筑,现已不做区分,泛指多层建筑;亭、廊、轩都是园林中常见的建筑,亭是供游人休息眺望的开敞式建筑,廊是建筑外的通道,轩指明净敞亮的小室。

中国建筑相关视频

1. Beijing Central Axis

https://www.chinadaily.com.cn/a/202407/27/WS66a48a0ca31095c51c5104b2.html

2. 中央电视台纪录频道《故宫 100》第一集

https://tv.cctv.com/2013/01/15/VIDA1358239685423199.shtml

【活动】

Q1:欣赏上述中国建筑,并猜一猜它们的用途。

Q2:你们国家的古代皇宫是什么样子,与中国故宫比有哪些特点?

2 文化隐喻

2.1 中国南、北方建筑的不同特点

中国幅员辽阔,领土纬度跨度多达 50°,有平原丘陵、高山大川,有大漠草原、烟雨江南。俗话说"一方水土养一方人",巨大的自然区域差异不仅孕育了不同性格、体魄的人,也形成了各具特色的建筑风格。在众多差异当中,最为瞩目的应当数中国南北建筑差异。

中国的南方和北方以秦岭和淮河为分界线。北方建筑雄伟硬朗,南方建筑秀丽精巧。我们以北方建筑代表——坐落于北京的故宫,以及南方建筑代表——苏州园林为例,来探索中国传统建筑的特征①。

北方建筑特征——北京故宫为例②

中国北方传统建筑的典型特征是布局严谨、建筑风格粗犷豪放以及装饰简洁明快。这些特征反映了北方地区的历史文化、自然环境和社会风俗,也是中国建筑文化的重要组成部分。

首先,在整体布局上来看,北方建筑通常以南北对称的方式布置,坐北朝南。故宫便是很好的一个例子。它注重方正和对称,采用中轴线布局方式。这一特征背后折射出的是中国古人"天人合一"和"王权至上"的理念。在中国古人心中,天是至高无上的存在,众星围绕北极星运转,而北极星被视为天帝的居所。在地面上,人们认为天帝的居所对应于皇帝的紫禁城。因此,中轴线上包括城门、宫殿、大殿等建筑,都是根据天文学的方位确定的,这体现了中国传统文化中的"天人合一"理念。

---

① 周苏琴. 紫禁城建筑[M]. 北京:紫禁城出版社,2006.

② 周苏琴. 北京故宫(百册之第 16—17 号《中国建筑旬刊》)[M]. 新北:台湾锦绣出版社,2002.

其次，中轴线的设计体现了皇权的至高无上，中轴线上的建筑高大华丽，轴线两侧的建筑低小简单；中轴线纵长深远，更显示了帝王宫殿的尊严华贵。故宫平衡对称的平面布局，为我们展示了独属于平坦广阔的北方的恢宏。

再次，建筑的装饰也别具特色。北方建筑的装饰简洁明快，以线条和几何图案为主，注重色彩的对比和搭配。常常在门窗、梁柱、墙壁等部位施以彩绘、雕刻等装饰手法，展现出浓郁的地方特色和民俗风情。在故宫里，线条和几何图案的应用也十分广泛。这些装饰不仅增加了建筑的美观性，还蕴含着深刻的文化和象征意义。在故宫的屋顶、屋檐、梁枋等部位，常常采用雕刻、绘画、贴金等多种手法，创造出丰富多彩的线条装饰。例如，屋顶正脊的两端通常装饰有脊兽，其形态各异，寓意着镇邪避灾、吉祥如意。在太和殿的屋檐下，雕刻着云纹、龙纹等图案，寓意着天上的祥云和皇家的龙脉，别具特色。

此外，故宫的色彩美学也是北方建筑的集大成者。黄色琉璃瓦建成屋顶，这种皇家御用的颜色象征着皇权和尊贵。红色的墙身象征着吉祥、繁荣和幸福。这些色彩既体现了中国传统文化的特点，又突出了皇家的尊严和权威。

总的来说，高纬度的北方气候更为干燥、寒冷，景色相较南方比较单一。这些自然因素决定了建筑的样式和风格。上及天子，下至寻常百姓，虽然豪华程度各异，但是都居住在这样平屋檐、厚墙的房子里度过了一个又一个春夏秋冬。

南方建筑特征——苏州园林为例[①]

中国南方最具代表性的传统建筑之一就是园林。中国园林追求自然与人的结合，在布局、结构、植物搭配等方面都有很高的艺术造诣。它们常常以水景为核心，注重建筑与自然的融合，强调步移景异的空间变化，以追求有限的空间内极致的自然山水之美的享受。

首先，我们着眼于整体布局，南方园林在布局上注重自由灵活，不追求对称。园林建筑风格轻巧通透，以水池为中心，四周布置建筑，形成内向型的布局，营造出向心和内聚的感觉。这种布局方式既满足了南方多雨潮湿的气候特点，又体现了人与自然和谐共生的哲学思想。

其次，在建筑风格上，南方传统建筑的墙体通常采用空斗墙，防止潮湿。同时，墙体、门窗的装饰也较为多样，使建筑显得更加精美。

最后，南方园林室内的装饰也较为多样，常常使用屏风、木雕、漆画等材料进行装饰，使室内显得更加精美。园的墙体和门窗装饰还具有文化内涵和历史价值。通过石雕、砖雕、漏窗等形式，展示了中国传统文化中的元素，如山水、花鸟、诗词等，体现了中国文化的独特魅力。

除此之外，在苏州园林的设计中我们还可以读到园林主人的处世哲学和对美好生活的期盼。在苏州留园中，栽有被称为“岁寒三友”的松树、竹子、梅花。因它们在气候最恶

① 邵忠．苏州园林品赏录[M]．北京：中国林业出版社，2010.

劣的冬天也能傲然挺立于风雪之中，这展现了园林主人对坚忍不拔、冰清玉洁的美好道德品质的追求。中国儒家文化的身影在其中也可见一斑。

总的来说，中国传统南方建筑的特征主要表现为轻盈、秀丽、精美、华丽，这种建筑风格的形成与南方的气候、地理环境、文化传统等因素密切相关。

中国建筑特点

中国南、北方建筑虽有差异，但是其中都共同折射出中国古人对天的敬仰、对家国的重视。从中我们不仅能领略到建筑之美，还能窥见智慧的中国古人对待生活的态度和颇具哲理的处世哲学。

2.2 苏州博物馆——传统与现代的融合与碰撞[①]

1999年，苏州市政府邀请华人建筑师贝聿铭设计苏州博物馆新馆。选址位于历史保护街区范围，紧靠世界文化遗产拙政园和全国重点文物保护单位太平天国忠王府（即原苏州博物馆馆址），隔街相望的是另一处保护完好的园林狮子林。应该说，苏州博物馆新馆的选址有着极大的挑战性：新的现代建筑不能破坏历史街区的原有格局，不能有损世界文化遗产的本来风貌。

苏州博物馆新馆独特而重要的意义首先在于讲述一个如何让传统与现代融合的故事。贝聿铭祖上是苏州的望族，狮子林就曾是属于贝家的私宅，贝聿铭在那儿度过了一段难忘的儿童时光。贝聿铭接手在该选址设计博物馆建筑，其个人身世与苏州传统园林的情感联系，天然地缓和了文化遗产保护与现代建筑设计之间的紧张，也就在人们的心理上部分弱化了传统与现代的矛盾。媒体报道说，贝聿铭把这一被厚重的历史文化环拥的地块视为自己心中的"圣地"。后来的实际情况似乎也证实了这一点：不管是业内专家还是普通人士，都能在一眼望去的时候感觉到，博物馆新馆的设计结合了传统的苏州建筑风格，把博物馆置于院落之间，整个建筑通高很低，白色围墙，灰色屋顶，与周边的传统建筑几乎融为一体。在苏州博物馆新馆，我们可以处处感受到传统苏州园林的元素——错落有致的江南斜坡屋顶，"老虎天窗"开在中央大厅屋顶的最中间部位，明显的轴线穿过大堂中庭，一池碧水影映假山修竹……白墙、深灰线条勾勒，简直是向江南甚至皖南的徽派建筑致意。走进苏州博物馆新馆，其建筑的直线条支体和拐角呈现出的现代特色引人注目。玻璃重檐的金属梁架结构，充满现代感的几何形坡顶，屋顶材料摒弃了传统的砖瓦而代之以加工成菱形的"中国黑"花岗石片……

如此融合了传统与现代，统一了个性与定制的苏州博物馆新馆，实现了贝聿铭的设计要求——"中而新，苏而新"，也意味着苏州博物馆新馆不仅是苏州本地文化的一个象征性建筑，而且加入肯尼迪图书馆、卢浮宫院内的玻璃金字塔、美国华盛顿国家博物馆东馆、德

---

① 陈霖．城市认同叙事的展演空间——以苏州博物馆新馆为例[J]．新闻与传播研究，2016，23(8)：49-66，127.

国历史博物馆、香港中银大厦、日本美秀美术馆等贝聿铭所设计的建筑行列，可以说是进入了世界性的文化象征物之林。由此，苏州的城市形象和苏州的文化特色，随着这一建筑与世界发生关联，向世界展示自身的魅力，建立起一个国际化的、世界性的关于地方的想象。所以，苏州博物馆新馆建筑讲述的也是一个地方与世界之间关系的故事。

关 键 词

【故宫】位于中国北京市，是中国明、清两代的皇家宫殿，旧称紫禁城，位于北京中轴线的中心。

【苏州园林】在建筑中独树一帜，有重大成就的古典园林建筑。苏州园林又称苏州古典园林，以私家园林为主。

3 文化知识

3.1 北京四合院的建筑特色及形成原因①

所谓的四合院，就是以正房、倒座、东西厢房围绕中间庭院形成平面布局的传统住宅的统称。其历史之悠久、分布之广泛，在中国民居中占据首位，堪称我国汉族居民传统住宅的正宗典型。四合院建筑一般有以下几种特色。

“坐北朝南”的方位追求

标准的北京四合院应该是南北略长的坐北朝南的矩形院落，正好排列在东西向的胡同之间，大门开向宅南的胡同，正房门与宅门的方向一致。这是由于华北地区风大，冬天寒风从西北来，夏天风从东南来，门开在南边，冬天可避开凛冽的寒风，夏天则可迎风纳凉，符合居住卫生要求。

房房相离、宽敞舒适的院落布局

一般来说，北方平原地区农业民族的民居基本上都是房房相离式的，房屋的净高不是很高，而院落都比较宽敞。这是因为北方气候寒冷，较矮的房屋有利于保暖，而宽敞的院落有利于采光。中国四合院式居住的院落大小与纬度变化成正比，随着纬度的降低，气候越来越炎热，院落的进深却越来越狭小。这种状况的形成与太阳的直射角有关。北方寒冷，冬天需要日照充足，而北方日照高度角小，房屋之间必须有足够的空间才能获得较好的采光效果。

① 顾军，王立成. 试论北京四合院的建筑特色[J]. 北京联合大学学报，2002(1):57-62.

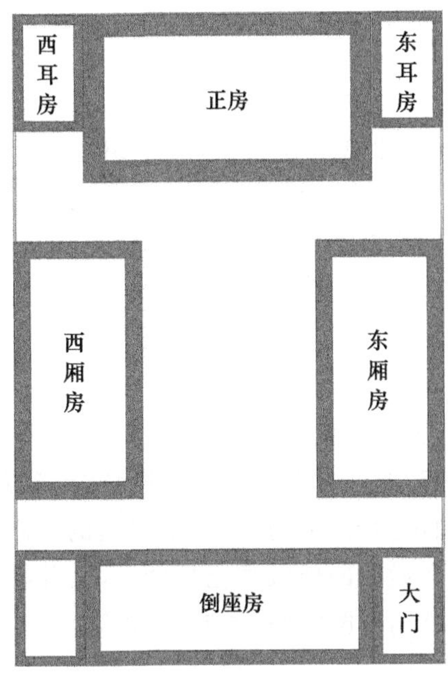

北京四合院方位布局

少水多绿化的庭院装饰

老北京的庭院非常重视绿化，规模较大的四合院往往还另辟有花园。由于缺乏活水，老北京四合院中央常常摆上一只或数只很大的鱼缸，一是为了观赏，二是能够调节空气，三是还有防火的功能。北京庭院、私园还常常以建筑物和叠石为主题，辅以各种各样的树木、花草、藤蔓。

等级分明、色彩鲜艳的油饰彩绘

在北京四合院中，油饰与彩绘成为建筑装饰的重要手段，北京四合院的内部往往选择以红色和绿色为主调的亮丽装饰色彩。如此强烈的色彩搭配非常适合北方的居住环境。因为北方冬季较长，寒冷的日子里花木凋谢，环境色彩单调，特别是城区。而绿色和红色能较好地调剂单调萧瑟的气氛，赋予宅院勃勃生机。

3.2　徽派建筑的特色及形成原因

徽州文化以其鲜明的地方特色和辉煌的成就成为区域文化的典范，而徽派建筑则以其科学的环境意识、精湛的建筑工艺、精巧的构思设计，在世界建筑艺术和建筑文化史上独树一帜。

“背山面水”的整体布局[①]

徽州村落注重整体规划，选址巧妙，讲究方位。徽州为丘陵地貌，溪流水塘遍布，村落选址多借助山水格局，处于山环水抱的中央，地势平坦之地。把房屋建在河流的北面、山坡的南面，使住宅可接纳更多的阳光，躲避凛冽的寒风，防止洪水的侵袭，便于引水灌溉庄稼。地势更好的村庄左右还有山丘围护，既可调节风向、风力与温度、湿度，形成温和的小气候，又使村落易守难攻，更好地防御外敌的入侵。

“四水归堂”的院落布局[②]

南方传统民居要求避光、通风和纳凉，由此多采用天井式布局，建筑间距小，狭小天井既增加建筑的阴影面积，又为建筑内部带来光线，进而在起到避光作用的同时又起到采光的作用。皖南徽派民居是“四水归堂”格局，可收集屋面的雨水，同时雨水蒸发，散发热量，从而起到散热和降温作用。在徽州的地域文化观念中，天井与“财禄”息息相关，天井能聚集屋面雨水，名曰“四水归明堂”，以图“财不外流”的吉利。

独特的“马头墙”[③]

徽派建筑由于在建筑当中采用了砖木结构，最大的缺点是防火性能差，墙挨着墙，屋顶挨着屋顶，在古代没有消防队，也无消防通道，一旦失火，便会遭遇灭顶之灾。为了避免灾害，聪明智慧的徽州劳动人民在房屋建造中创造了徽派马头墙，作为防火墙。高大厚实的马头墙犹如一道天然屏障，有效遏制了火患蔓延；同时，马头墙顶端墙头部分还可以抵挡东南季风，保护瓦片不被吹落；此外，它还起到挡盗、防贼的作用。马头墙除有实用功能外，还有美学功能。徽派民居建筑高大封闭的墙体显得静止呆板，因马头墙的设计而显得错落有致，从而显出一种动态的美感。

徽派民居的装饰特色[④]

徽州民居外部砖砌高墙，装饰以素面为主。大面积为白色的墙体，只在局部如入口的门楼、门套、门楣以及院墙的漏窗等处饰以小面积的砖雕或石雕，内部却构造精细、装饰华美，栋梁板无不描金绘彩，三雕之美令人叹为观止，这突出反映了徽商“财不外现”的观念。徽式宅居还以装饰精美的木雕著称。

关　键　词

【北京四合院】一种中国传统高档合院式建筑，其格局为一个院子四面建有房屋，通常

---

① 马佳．谈徽派建筑的特色[J]．南方建筑，2006(10)：102-104.

② 侯曙芳，李道先．徽派古民居建筑的地域文化特征[J]．重庆建筑大学学报，2006(6)：24-26，46.

③ 方根宝．徽派建筑元素——马头墙的作用与演变[J]．黄山学院学报，2008，10(5)：97-98.

④ 汪德根，吕庆月，吴永发，等．中国传统民居建筑风貌地域分异特征与形成机理[J]．自然资源学报，2019，34(9)：1864-1885.

由正房、东西厢房和倒座房组成，从四面将庭院合围在中间。

【坐北朝南】形容房屋朝向的用语，即房子位于北侧，房屋背朝北，门开在南侧。

【徽派建筑】以砖、木、石为原料，以木构架为主。梁架多用料硕大，且注重装饰。还广泛采用砖、木、石雕，表现出高超的装饰艺术水平。徽派建筑最初源于古徽州，是江南建筑的典型代表。

4 教材里的故事

4.1 中国石拱桥①

石拱桥的桥洞呈弧形，就像虹。古代神话里说，雨后彩虹是“人间天上的桥”，通过彩虹就能上天。我国的诗人爱把拱桥比作虹，说拱桥是“卧虹”“飞虹”，把水上拱桥形容为“长虹卧波”。

石拱桥在世界桥梁史上出现得比较早。这种桥不但形式优美，而且结构坚固，能几十年几百年甚至上千年雄跨在江河之上，在交通方面发挥作用。

我国的石拱桥有悠久的历史。《水经注》里提到的“旅人桥”②，大约建成于公元 282 年，可能是有记载的最早的石拱桥了。我国的石拱桥几乎到处都有。这些桥大小不一，形式多样，有许多是惊人的杰作。其中最著名的当推河北省赵县的赵州桥，还有北京丰台区的卢沟桥。

赵州桥横跨在洨河③上，是世界著名的古代石拱桥，也是建成后一直使用到现在的最古老的石桥。这座桥修建于公元 605 年，到现在已经 1300 多年了，还保持着原来的雄姿。到新中国成立的时候，桥身已有些残损了，在人民政府的领导下，经过彻底整修，这座古桥又恢复了青春。

赵州桥非常雄伟，全长 50.82 米，两端宽 9.6 米，中部略窄，宽 9 米。桥的设计完全合乎科学原理，施工技术更是巧妙绝伦。唐朝的张嘉贞④说它“制造奇特，人不知其所以为”。这座桥的特点是：(1)全桥只有一个大拱，长达 37.4 米，在当时可算是世界上最长的石拱桥。桥洞不是普通半圆形，而是像一张弓，因而大拱上面的道路没有陡坡，便于车马上下。(2)大拱的两肩上各有两个小拱，这个创造性的设计，不但节约了石料，减轻了桥身的重量，而且在河水暴涨的时候，还可以增加桥洞的过水量，减轻洪水对桥身的冲击。同时，拱上加拱，桥身也更美观。(3)大拱由 28 道拱圈拼成，就像这么多同样形状的弓合拢在一

① 引自中学《语文》初中八年级上册第 18 课《中国石拱桥》(作者：茅以升，人民教育出版社，2017 版)。

② 据记载，旅人桥在河南洛阳附近，约建成于西晋时期，后来塌毁了。

③ 洨河，在河北南部，流经赵县(古称赵州)。

④ 张嘉贞(666—729 年)，唐代大臣。

起，做成一个弧形的桥洞。每道拱圈都能独立支撑上面的重量，一道坏了，其他各道不致受到影响。(4)全桥结构匀称，和四周景色配合得十分和谐；桥上的石栏、石板也雕刻得古朴[①]美观。唐朝的张鷟[②]说，远望这座桥就像“初月出云，长虹饮涧”。赵州桥高超的技术水平和不朽的艺术价值，充分显示了我国劳动人民的智慧和力量。桥的主要设计者李春就是一位杰出的工匠，在桥头的碑文里刻着他的名字。

永定河[③]上的卢沟桥，修建于公元1189年到1192年间。桥长265米，由11个半圆形的石拱组成，每个石拱长度不一，自16米到21.6米。桥宽约8米，桥面平坦，几乎与河面平行。每两个石拱之间有石砌桥墩，把11个石拱联成一个整体。由于各拱相连，所以这种桥叫作联拱石桥。永定河发水时，来势很猛，以前两岸河堤常被冲毁，但是这座桥极少出事，足见它的坚固。桥面用石板铺砌，两旁有石栏石柱。每个柱头上都雕刻着不同姿态的狮子。这些石刻狮子，有的母子相抱，有的交头接耳，有的像倾听水声，有的像注视行人，千态万状，惟妙惟肖[④]。

早在13世纪，卢沟桥就闻名世界。那时候有个意大利人马可·波罗[⑤]来过中国，他在游记里十分推崇这座桥，说它“是世界上独一无二的”，并且特别欣赏桥栏柱上刻的狮子，说它们“共同构成美丽的奇观”。在国内，这座桥也是历来为人们所称赞。它地处入都要道，而且建筑优美，“卢沟晓月”很早就成为北京的胜景之一。

卢沟桥在我国人民反抗帝国主义侵略战争的历史上也是值得纪念的。1937年7月7日中国军队在此抗击日本帝国主义的侵略，揭开了中国人民全面抗战的序幕。

为什么我国的石拱桥会有这样光辉的成就呢？首先，在于我国劳动人民的勤劳和智慧。他们制作石料的工艺极其精巧，能把石料切成整块大石碑，又能把石块雕刻成各种形象。在建筑技术上有很多创造，在起重吊装方面更有意想不到的办法。如福建漳州的江东桥，修建于800年前，有的石梁一块就有200吨重，究竟是怎样安装上去的，至今还不十分清楚。其次，我国石拱桥的设计施工有优良传统，建成的桥，用料省，结构巧，强度高。最后，我国富有建筑用的各种石料，便于就地取材，这也为修造石桥提供了有利条件。

两千年来，我国修建了无数的石拱桥。新中国成立后，全国大规模兴建起各种形式的公路桥与铁路桥，其中就有不少石拱桥。1961年，云南省建成了一座世界最长的独拱石桥，名叫“长虹大桥”，石拱长达112.5米。在传统石拱桥的基础上，我们还造了大量的钢筋混凝土拱桥，其中“双曲拱桥”是我国劳动人民的新创造，是世界上所仅有的。近几年来，全国造了总长20余万米的这种拱桥，其中最大的一孔，长达150米。

---

① 朴素而有古代的风格。

② 张鷟(约658—730年)，唐代文学家。

③ 永定河，海河支流，发源于山西，流经河北、北京，到天津入海河。

④ 惟妙惟肖，这里形容雕刻得十分精妙逼真。

⑤ 马可·波罗(约1254—1324年)，意大利旅行家。

4.2 苏州园林[①]

苏州园林据说有一百多处，我[②]到过的不过十多处。其他地方的园林我也到过一些。倘若要我说说总的印象，我觉得苏州园林是我国各地园林的标本，各地园林或多或少都受到苏州园林的影响。因此，谁如果要鉴赏我国的园林，苏州园林就不该错过。

设计者和匠师们因地制宜，别出心裁，修建成功的园林当然各不相同。可是苏州各个园林在不同之中有个共同点，似乎设计者和匠师们一致追求的是：务必使游览者无论站在哪个点上，眼前总是一幅完美的图画。为了达到这个目的，他们讲究亭台轩榭[③]的布局，讲究假山池沼的配合，讲究花草树木的映衬，讲究近景远景的层次。总之，一切都要为构成完美的图画而存在，决不容许有欠美伤美的败笔。他们唯愿游览者得到"如在画图中"的美感，而他们的成绩实现了他们的愿望，游览者来到园里，没有一个不心里想着、口头说着"如在画图中"的。

我国的建筑，从古代的宫殿到近代的一般住房，绝大部分是对称的，左边怎么样，右边也怎么样。苏州园林可绝不讲究对称，好像故意避免似的。东边有了一个亭子或者一道回廊，西边决不会来一个同样的亭子或者一道同样的回廊。这是为什么？我想，用图画来比方，对称的建筑是图案画，不是美术画，而园林是美术画，美术画要求自然之趣，是不讲究对称的。

苏州园林里都有假山和池沼。假山的堆叠，可以说是一项艺术而不仅是技术。或者是重峦叠嶂，或者是几座小山配合着竹子花木，全在乎设计者和匠师们生平多阅历，胸中有丘壑[④]，才能使游览者攀登的时候忘却苏州城市，只觉得身在山间。至于池沼，大多引用活水。有些园林池沼宽敞，就把池沼作为全园的中心，其他景物配合着布置。水面假如成河道模样，往往安排桥梁。假如安排两座以上的桥梁，那就一座一个样，决不雷同。池沼或河道的边沿很少砌齐整的石岸，总是高低屈曲，任其自然。还在那儿布置几块玲珑的石头，或者种些花草，这也是为了取得从各个角度看都成一幅画的效果。池沼里养着金鱼或各色鲤鱼，夏秋季节荷花或睡莲开放，游览者看"鱼戏莲叶间"，又是入画的一景。

苏州园林栽种和修剪树木也着眼在画意。高树与低树俯仰生姿。落叶树与常绿树相间，花时不同的多种花树相间，这就一年四季不感到寂寞。没有修剪得像宝塔那样的松柏，没有阅兵式似的道旁树，因为依据中国画的审美观点看，这是不足取的。有几个园里有古老的藤萝，盘曲嶙峋[⑤]的枝干就是一幅好画。开花的时候满眼的珠光宝气，使游览者感到无限的繁华和欢悦，可是没法说出来。

---

① 引自中学《语文》初中八年级上册第 19 课《苏州园林》(作者：叶圣陶，人民教育出版社，2017 版)。

② 这里指本文作者叶圣陶(编者注)。

③ 轩，有窗户的廊子或小屋；榭，建筑在台上的房屋。

④ 胸中有丘壑，意思是设计者和匠师的脑中有关于山水风景的高明构思。

⑤ 嶙峋，即枯瘦的样子。

代修建紫禁城的时候,用护城河中挖出的泥土堆起来的,现在成了风景优美的景山公园。站在景山的高处望故宫,重重殿宇,层层楼阁,道道宫墙,错综相连而又井然有序。这样宏伟的建筑群,这样和谐统一的布局,不能不令人惊叹。

5 跨文化访谈

5.1 访谈对象情况简介

访谈对象:卢河玉

国家/地区:摩洛哥

访谈语言:中文

5.2 访谈内容

采访者:你好,卢河玉!了解到你对中国文化很感兴趣,请问你最喜欢中国文化的哪一部分?

卢河玉:我最喜欢宋朝。宋朝的对外贸易给我留下了深刻的印象,它向英国出口茶叶、瓷器等。宋朝的皇宫也很漂亮。

采访者:你提到了皇宫,那么你知道中国最大、最著名的皇宫是哪个吗?

卢河玉:北京故宫,我去过那。故宫非常大,里面竖立了许多中国名人的雕塑。他们基本都是金色。金色在故宫里的运用也非常广泛,我注意到,屋顶基本上都是金色的琉璃。

采访者:是的,故宫占地面积达七十二万平方米。传说中,刘伯温在建造紫禁城的时候,皇上打算把宫殿修盖得间量多点儿、大点儿,以显示天子的尊严。然而,刘伯温却告诉皇上,天宫宝殿是一万间,凡间宫殿万不可超过天宫,否则会引来天神降罪。在建造过程中,刘伯温将故宫的宫殿数量建成了九千九百九十九间半,以符合天理。这样的设计不仅体现了中国古代哲学中"天人感应"和"天人合一"的思想,也赋予了故宫神秘而传奇的色彩。

卢河玉:"天人合一"的理念是什么?

采访者:中国自古以来就是农业社会,农业很依赖气候。中国古人认为,气候是由上天的意志控制的,因此,对天形成了一种朴素的敬畏。天与人是紧密相连的,人应顺应自然规律,达到与自然的和谐统一。

卢河玉:原来如此,我理解了。谢谢。

第六单元

中国美食

1 文化符号:中国经典美食

中国经典美食三样①

① 根据百度 AI 提供资料整理。

度。于是她先把肥鸡、筒子骨等熬好清汤,上覆厚厚鸡油;米线在家烫好,又将配料切得薄薄的,带到岛上后用滚油烫熟,之后加入米线,不仅热气腾腾,口味更鲜香滑爽。此法一经传开,人们纷纷仿效,因为到岛上要过一座桥,也为纪念这位贤妻,后世就把它叫作“过桥米线”。

一道道流传了千年百年的美食,与这样情深意浓的故事紧密相连。而讲究人情味的中国人始终信奉,在美食中包容越多的人情味,那美食才能将越多的情义反馈回人的身体和心底,才能融汇发展出令人世代难忘的饮食文明和文化。

关 键 词

【耄耋】指人的年龄达到八九十岁,通常用来形容老年男性。在中国传统文化中,耄耋代表长寿、福气和尊老敬老的价值观。它不仅仅是一个年龄段的描述,更是一种对老年人尊敬和敬仰的文化象征。

【人情味】通常指的是人与人之间在情感交流、相互关怀、理解和尊重中所展现出来的温暖和亲切感。

3 文化知识

3.1 中国美食[①]

中国美食以其丰富的口味、色彩斑斓的菜肴和多样的烹饪风格而著称。中国美食跨越数千年,已发展成为一种复杂而精致的艺术形式。

中国美食强调“色香味形器”的和谐统一。这意味着一道美食不仅要味道鲜美,香气扑鼻,色泽诱人,还要在形状和盛装的器皿上有所讲究,追求整体的和谐美感。这种对美食的极致追求,体现了中国人对生活的热爱和对美的向往。

中国美食注重食材的新鲜和多样性。中国地域辽阔,物产丰富,各地都有独特的食材和烹饪方式。从北国的面食到南疆的稻米,从东海的海鲜到西部的牛羊肉,中国美食的食材种类之丰富,烹饪方式之多样,令人叹为观止。这种对食材的极致运用,不仅满足了人们的口腹之欲,也展现了中国人对自然的敬畏和感恩。

中国美食蕴含着深厚的文化底蕴。每一道美食背后,都可能有着一段悠久的历史故事,一种独特的民俗风情,或者一种深刻的哲理思考。比如,春节的饺子象征着团圆和辞旧迎新,中秋的月饼则寄托了人们对家人和故乡的思念。这些美食不仅仅是食物本身,更是中国人情感交流和文化传承的重要载体。

---

① 根据百度百科、百度文库、百度 AI 等提供资料整理。

中国美食还体现了中国人对健康的追求。在烹饪过程中，中国人注重食材的搭配和烹饪方式的健康性，追求"药食同源"的理念。许多美食都具有一定的保健功效，能够帮助人们调理身体，增强体质。

中国美食的基本特点

食材：常见食材有谷物（如大米、面粉）、肉类（猪、牛、羊、鸡、鸭等）、海鲜、蔬菜、豆制品（如豆腐、豆浆）以及特色食材（如竹笋、香菇、枸杞等）。

烹饪技法：包括炒、炖、煮、蒸、炸、烤、卤等，并解释每种技法的特点和在美食制作中的应用。

口味与调味：口味包括甜、酸、苦、辣、咸等，可通过酱油、醋、糖、辣椒、姜、蒜等调味品来平衡和增强菜肴的味道。

3.2　中国八大菜系[①]

中国美食可以大致分为八大菜系，包括川菜、鲁菜、粤菜、苏菜、浙菜、闽菜、湘菜和徽菜，每种菜系都有其独特的特色和风味。

川菜：以其麻辣口味著称，常用辣椒、花椒等调料，代表菜肴有麻婆豆腐、宫保鸡丁等。

鲁菜：注重汤品的熬制和食材的原汁原味，擅长爆、炒、烧、炸等技法，代表菜肴有红烧肘子、糖醋鲤鱼等。

粤菜：口味清淡鲜美，注重食材的新鲜度和原汁原味，烹饪技法多样，代表菜肴有白切鸡、清蒸海鲈鱼等。

苏菜（即淮扬菜）：以精细的刀工和烹饪技巧著称，口味甜中带咸，代表菜肴有清炖狮子头、蟹粉小笼包等。

浙菜：注重食材的鲜嫩和原味，烹饪技法以炖、焖、蒸为主，代表菜肴有西湖醋鱼、东坡肉等。

闽菜：以海鲜为主要食材，口味清鲜爽脆，代表菜肴有佛跳墙、荔枝肉等。

湘菜：以酸辣口味为主，善用辣椒和豆瓣酱等调料，代表菜肴有剁椒鱼头、辣椒炒肉等。

徽菜：注重火候和调味，口味醇厚，代表菜肴有毛豆腐、臭鳜鱼等。

中国美食的国际化

海外传播：中国美食在国际上广泛传播，特别是在海外华人社区中，中国美食已成为连接华人情感和传承中华文化的重要纽带。

外国人的接受度：外国人对中国美食的兴趣和接受度不断提高，越来越多的外国人开

① 根据百度百科、百度文库、百度 AI 等提供资料整理。

始尝试并喜爱中国美食。

关 键 词

【色香味形器】

“色香味形器”是中国饮食文化中评价美食的五个重要方面，它们分别代表了美食在视觉、嗅觉和味觉上的不同维度的美感。以下是对这五个方面的详细解析。

1. 色(色泽)

色代表美食的色泽、颜色、上色、润色、配色和本色。美食的色泽之美具有“先声夺人”的美感魅力，常给人以鲜明、强烈的第一印象，从而影响人的情绪，激发食欲。本色是菜品原有的色泽，而配色则指搭色，如红配绿等，通过巧妙的配色可以使菜品更加美观诱人。

2. 香(香气)

香就是菜肴经过加工发出的香气。不同的烹饪方式(如煮、炖、炒、煎、炸、蒸、焖、烤等)会散发出不同的香气，如煮香、酱香、煎香、鱼香等。香气是食物中带有的一种挥发性物质，即食品中所含的醇、酚、醛、酯、醋、酮等化合物挥发后，直接作用于人的嗅觉，使人产生香气扑鼻的愉悦感，是诱发食欲的重要因素。

3. 味(味道)

味就是味道或口味。中国菜讲究“五味调和百味鲜”，其中酸、甜、苦、辣、咸是基本味，在此基础上可以产生出各种各样的复合味型。不同的菜品具有不同的味道，如鲜香味、红油味、酸甜味、苦味、甜味、芥末味、胡辣味、辣味、麻辣味、酸辣味、蒜香味等。味道的美直接作用于人的味觉而带给人美妙的感受，是美食之美的主导因素。

4. 形(造型)

形就是菜品有型有样，造型完美。食物的外观造型之美具有赏心悦目、增加食欲的作用。中国菜造型的方式方法多种多样，如可用食品原料的天然形态造型，也可通过刀工、捏塑、雕刻、拼摆、镶嵌等方法造型。出盘干净有型、整体摆放整洁的菜品看上去很有食欲感，美观且有情调、有品位。

5. 器(器皿)

器就是指装菜的器具，如盘、碗、杯、碟以及金银铜器等。中国烹饪历来对菜品和器皿的搭配非常讲究，认为“美食不如美器”。因为饮食中也有审美意识的觉醒，在享用美食时，如果器具雅致，也能有悦目悦心的审美体验。器具的选择和搭配要与菜品的色泽、香气、味道和造型相协调，以展示菜肴的整体美感。

综上所述，“色香味形器”五个方面共同构成了中国美食的独特魅力。在品尝美食时，我们不仅可以享受到食物本身带来的味觉上的满足，还可以通过视觉、嗅觉上的美感体验来进一步提升饮食的愉悦感。

4　教材里的故事：端午的鸭蛋

端午的鸭蛋[①]

家乡的端午，很多风俗和外地一样。系百索子。五色的丝线拧成小绳，系在手腕上。丝线是掉色的，洗脸时沾了水，手腕上就印得红一道绿一道的。做香角子。丝丝缠成小粽子，里头装了香面，一个一个串起来，挂在帐钩上。贴五毒。红纸剪成五毒，贴在门槛上。贴符。这符是城隍庙送来的。城隍庙的老道士还是我的寄名干爹，他每年端午节前就派小道士送符来，还有两把小纸扇。符送来了，就贴在堂屋的门楣上。一尺来长的黄色、蓝色的纸条，上面用朱笔画些莫名其妙的道道，这就能辟邪么？喝雄黄酒。用酒和的雄黄在孩子的额头上画一个王字，这是很多地方都有的。有一个风俗不知别处有不：放黄烟子。黄烟子是大小如北方的麻雷子的炮仗，只是里面灌的不是硝药，而是雄黄。点着后不响，只是冒出一股黄烟，能冒好一会。把点着的黄烟子丢在橱柜下面，说是可以熏五毒。小孩子点了黄烟子，常把它的一头抵在板壁上写虎字。写黄烟虎字笔画不能断，所以我们那里的孩子都会写草书的“一笔虎”。还有一个风俗，是端午节的午饭要吃“十二红”，就是十二道红颜色的菜。“十二红”里我只记得有炒红苋菜、油爆虾、咸鸭蛋，其余的都记不清，数不出了。也许“十二红”只是一个名目，不一定真凑足十二样。不过午饭的菜都是红的，这一点是我没有记错的，而且苋菜、虾、鸭蛋一定是有的。这三样，在我的家乡，都不贵，多数人家是吃得起的。

我的家乡高邮是水乡，高邮大麻鸭是著名的鸭种。鸭多，鸭蛋也多。高邮人也善于腌鸭蛋。高邮咸鸭蛋于是出了名。我在苏南、浙江，每逢有人问起我的籍贯，回答之后，对方就会肃然起敬：“哦！你们那里出咸鸭蛋！”上海的卖腌腊的店铺里也卖咸鸭蛋，必用纸条

---

① 引自中学《语文》初中8年级下册第四单元第17课《端午的鸭蛋》(作者：汪曾祺，人民教育出版社，2002版)。

特别标明:“高邮咸蛋”。高邮还出双黄鸭蛋。别处鸭蛋也偶有双黄的,但不如高邮的多,可以成批输出。双黄鸭蛋味道其实无特别处。还不就是个鸭蛋!只是切开之后,里面圆圆的两个黄,使人惊奇不已。我对异乡人称道高邮鸭蛋,是不大高兴的,好像我们那穷地方就出鸭蛋似的!不过高邮的咸鸭蛋,确实是好,我走的地方不少,所食鸭蛋多矣,但和我家乡的完全不能相比!曾经沧海难为水,他乡咸鸭蛋,我实在瞧不上。袁枚的《随园食单·小菜单》有“腌蛋”一条。袁子才这个人我不喜欢,他的《食单》好些菜的做法是听来的,他自己并不会做菜。但是《腌蛋》这一条我看后却觉得很亲切,而且“与有荣焉”。文不长,录如下:

腌蛋以高邮为佳,颜色细而油多,高文端公最喜食之。席间,先夹取以敬客,放盘中。总宜切开带壳,黄白兼用;不可存黄去白,使味不全,油亦走散。

高邮咸蛋的特点是质细而油多。蛋白柔嫩,不似别处的发干、发粉,入口如嚼石灰。油多尤为别处所不及。鸭蛋的吃法,如袁子才所说,带壳切开,是一种,那是席间待客的办法。平常食用,一般都是敲破“空头”用筷子挖着吃。筷子头一扎下去,吱——红油就冒出来了。高邮咸蛋的黄是通红的。苏北有一道名菜,叫作“朱砂豆腐”,就是用高邮鸭蛋黄炒的豆腐。我在北京吃的咸鸭蛋,蛋黄是浅黄色的,这叫什么咸鸭蛋呢!

端午节,我们那里的孩子兴挂“鸭蛋络子”。头一天,就由姑姑或姐姐用彩色丝线打好了络子。端午一早,鸭蛋煮熟了,由孩子自己去挑一个,鸭蛋有什么可挑的呢?有!一要挑淡青壳的。鸭蛋壳有白的和淡青的两种;二要挑形状好看的。别说鸭蛋都是一样的,细看却不同。有的样子蠢,有的秀气。挑好了,装在络子里,挂在大襟的纽扣上。这有什么好看呢?然而它是孩子心爱的饰物。鸭蛋络子挂了多半天,什么时候孩子一高兴,就把络子里的鸭蛋掏出来,吃了。端午的鸭蛋,新腌不久,只有一点淡淡的咸味,白嘴吃也可以。

孩子吃鸭蛋是很小心的。除了敲去空头,不把蛋壳碰破。蛋黄蛋白吃光了,用清水把鸭蛋壳里面洗净,晚上捉了萤火虫来,装在蛋壳里,空头的地方糊一层薄罗。萤火虫在鸭蛋壳里一闪一闪地亮,好看极了!

小时读囊萤映雪故事,觉得东晋的车胤用练囊盛了几十只萤火虫,照了读书,还不如用鸭蛋壳来装萤火虫。不过用萤火虫照亮来读书,而且一夜读到天亮,这能行吗?车胤读的是手写的卷子,字大,若是读现在的新五号字,大概是不行的。

5 跨文化访谈

5.1 访谈对象情况简介

访谈对象: Howard

国家/地区:马来西亚

访谈语言:中文

5.2 访谈内容

采访者:在你第一次看到并品尝到中国食物后,你对中国食物的第一印象怎么样?

Howard:第一印象首先是很吃惊,因为中国有非常多不同种类的美食;其次就是中国美食的一个类别中也有很多不同的种类,比如说火锅,有很多不同类型的火锅,有辣的,甜的,还有清淡的,种类非常齐全。

采访者:是的,因为中国国土面积大,加上人口众多,不同地区、不同民族的人们就会发展出很多不同种类的美食。你在正式来到中国之前,会对中国美食有什么期待吗?

Howard:因为一些新闻或者媒体的缘故,会有一些主观看法,但其实和真的中国美食还是差别很大的。比方说之前在上网的时候看到说中国的螺蛳粉大多数人好像不太可以接受,但是我到了中国以后,自己尝试了一下,感觉味道还是非常好的。我的意思就是很多东西需要自己去尝试,不然差别还是挺大的。

采访者:既然你已经事先了解过中国美食了,那你在来中国之前有没有过什么期待呢?

Howard:我在来之前一直以为中国美食种类虽然多,但是口味比较单一,一桌菜里面可能只有甜或者只有咸,但是来到中国以后发现事实不是这样的。中国的菜有非常多的味道。

采访者:确实如此(笑声),中国菜一直以口味多而闻名。你在吃了这么多中国美食后,有哪种美食你最喜欢吗?

Howard:我比较喜欢火锅和烧烤。因为首先它们都非常好吃,口味非常特别。其次是国外烧烤没有那么多口味和食材可以选择,但是感觉来到中国以后什么食材都可以用来烧烤。并且在我们那边,牛羊肉是比较昂贵的,但是在中国没有这么昂贵,这两种食材放进火锅里非常好吃。

采访者:在中国,美食往往与社交活动紧密相连,你有过与中国人一起参加聚会的经历吗?你如何看待这种文化现象?

Howard:我非常喜欢这种文化,我觉得人与人聚在一起分享有趣的事情是非常有意义的,我参加过聚会,我十分喜欢。

第七单元

中国书法

1 文化符号:永字八法

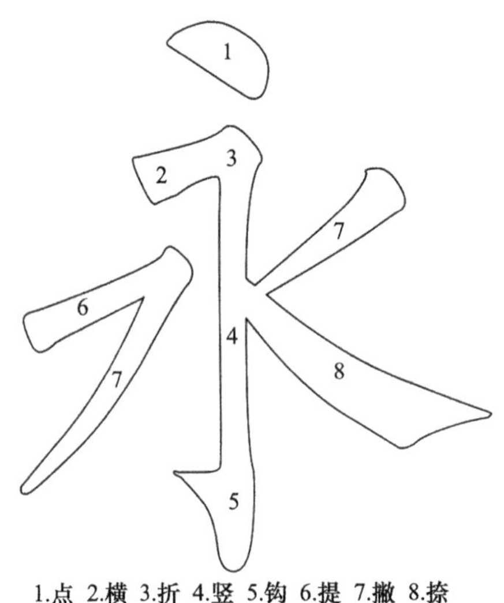

1.点 2.横 3.折 4.竖 5.钩 6.提 7.撇 8.捺

永字八法示意

汉字是由数十种基本笔画构成的,而最基本的笔画有八个:点、横、折、竖、钩、提、撇、捺。我们可以用一个楷书的“永”字来显示这八种笔画。“永字八法”也是中国书法的入门练习。

中国书法相关视频

1. 中国书法

https://www.chinadaily.com.cn/a/202312/25/WS6588f5aba31040ac301a95bc.html

2. 永字八法

https://tv.cctv.com/2015/05/08/VIDE1431064285534639.shtml

【活动】

请你试着按照笔画顺序写出汉字“永”，体会中国汉字和书法之美。

2　文化隐喻

2.1　意形合一的中国书法[①]

书法作品书写的内容是文字，中国汉字是表意文字，任何书写的内容都有文字本身的意义指向，这是书法作品中文字内容的“意”。文字是可读的，按照一定方向和顺序阅读，书写的时候有笔顺先后、笔画组成、字体结构等，从物理层面来看，这些都是由线条、点画构成，这是书法作品中文字本身的“形”。文字的线条点画组合起来有固定的意义指向，这个特点使书法比抽象画更丰富，因为形中有意。当具有意义指向的文字组成词、句、文，文字的意义便开始丰富，文字层次便拓展为文学层次。熊秉明曾说，书法“在抽象形体之外还有一个文字的层次，也就有文学的层次，使书法成为一种综合性的艺术”。书法之所以是综合性艺术，离不开其是由文字构成的这个特点，书法艺术中的文字层次、文学层次是它区别于其他艺术的地方。

书法作为中国特有的一种文化形态，其中蕴含了中华美学精神，其精神内涵也是书法艺术存在的价值。叶秀山说：“中国的书法艺术为保存那基础性、本源性的‘意义’提供了一种有价值的‘存储方式’。”这里的意义是指书法作品是人的“思”与“存在”的意义载体，每个书法家的作品代表了个人对书法艺术的“思”，每个时代的书法艺术代表了这个时代整体书法家历史性的“思”。文字内容的“意”是固定的，而书写形式所生发的“意”是不同的。同样的内容，不同的人书写，就有不同的生命形态。书法作品中意形合一的精神之美，既有意之美，也有形之美，如王羲之《兰亭序》的精神之美是形式流美俊逸与内容疏朗韵长的合一，颜真卿《祭侄文稿》的精神之美是形式磅礴豪放与内容悲怆浑厚的合一，苏东坡的《寒食帖》是形式遒媚沉郁与诗作内容苍凉多情的合一。这是艺术作品中形式与内容共同构建的精神之美，这种精神又投射出人的精神，书法是人的精神写照，是书法家的精神理想与人格境界。

① 惠萌，戴端．意形合一的中国书法精神之美[J]．中国文艺评论，2022(3)：99-108．

关 键 词

【意形合一】字形、字体与字意、作品内容、作家内心精神要整体和谐一致。

2.2 中国书法与当代社会①

中国书法作为汉字的书写,从一诞生就负载着知识记录、信息传播、思想交流、情感表达、学术研究、诗文写作等方方面面发挥巨大的功能。历史进入今天,中国由传统的农业社会进入现代社会,现代科学技术的发展改变了传统中国人的生产方式、生活方式和思维方式。印刷技术的发明与广泛使用、硬笔书写、手工的打字机打印,到当代电脑的发明与普及,使毛笔书写汉字的实用功能弱化或消失。

创作书法的工具被称为"文房四宝",包含了笔、墨、纸、砚四种工具。其中,毛笔是书写的最主要工具,在夏、商、周时代就已经有了;墨的历史也相当悠久,最初使用的是天然石墨,到汉代开始有了人工墨;纸的发明是我国对世界文明发展做出的伟大贡献;砚是存储和研磨墨时不可缺少的器具,之后更是发展成为了艺术品。

今天,汉字书写的审美价值的彰显和提升是古老的中国书法进入当代社会之后的历史性转变。中国书法的实用功能和审美功能在新的历史背景和文化语境下,由在传统社会的以实用为主、审美为辅变成了以审美为主、实用为辅。中国书法是以不同的"身份""介入"当代社会生活的,大致说来有以下三个方面。

作为一种"艺术"创作的对象

中国书法由古代的为"用"到今天的为"艺",书写的目的变了,其功能与意义也变了②。今天我们为参展、为展示于庭堂而书写,并不怀抱具体的实用目的。今天人们的毛笔书写脱离或基本脱离"实用"目的,书写者的"自由"度的增大,表达书家审美意趣的因素的增加,就意味着汉字书写向"艺术"的靠近。为"好看"而写,不为或主要不是为显示汉字内容而写,全力追求汉字书写的美观,追求风格的显示等,这就是"书法艺术创作"。

作为一种文化"活动"的对象

当代社会,在社会各阶层的人与"书法"的关系中,一小部分人把书法作为"艺术创作",而更多的人是把书法作为"艺术"去欣赏,除此而外,还有很大一部分人是把书法当作一种活动来参与,当作一种"文化活动"置身其间。休闲时间写写字,只求以书法修身养性、陶冶情操,"自娱"为主的人日渐其多,他们追求的是精神的充实、生活的丰富,是"活动"本身带来的快乐。这是中国书法在当代生活中展现的又一文化景观,是文化发展、社

① 刘守安.中国书法与当代社会[J].艺术百家,2009,25(6):11-14,56.

② 范遵荣.中国古代的文房四宝[J].唯实,2021(9):87-92.

会和谐的一种表现①。

作为一种“学术”研究的现象

中国书法自汉字产生也便产生，中国书法与汉字的历史一样长久。作为一种“文化现象”，无论是漫长的古代中国“书法”史，还是当代的书法，都值得我们去研究。对中国书法的研究（包括它的历史和现状）是当代中国学术界、文化界、艺术界等的一项重要任务，是当代社会中一部分人切近中国书法的一条路径。中国书法作为一种研究对象，对它的阐释、论说、考证是中国书法在当代社会、文化情境中的又一表现。进入新时期以来，全国相继建立书法研究机构和高校建立的书法教学研究单位，书法研究在文化、学术领域取得了丰硕成果。

关 键 词

【**文房四宝**】文房四宝是中国独有的书法绘画工具（书画用具），即笔、墨、纸、砚。

3 文化知识

3.1 中国书法的发展史

中国书法史是一部中国艺术精神不断觉醒、不断走向成熟的历史。中国书法源远流长，从商周以来，风格因时代而嬗变：有商周的古拙、秦汉的气势、魏晋的风韵、隋唐的法度，也有宋元的意趣和明清的朴态，展示出每一时代独特的文化风尚。在汉字的发展史上，从人的方面说，甲骨文、大篆、小篆基本上依据“六书”的原则，属于古文字。自隶书以后，脱离“六书”，成为单纯的文字符号，属于今文字。“六书”指的是中国古代对汉字构造和用法的六种基本分类。即象形、指事、会意、形声、转注、假借。严格说来，象形、指事、会意、形声是造字方法，转注、假借属于用字的方法。

象形，指通过描绘事物形状来造字，比如“山”是山的形状，“日”则描绘的太阳的形状。是最古老、最原始的造字方法。这种造字法简单，但事物多而复杂，很多事物难以用象形描绘。

指事，是一种抽象的造字法，不方便用具体形象画出来的事物，就用一种抽象的符号来表示。大多数指事字是在象形字的基础上添加、减少笔画或符号。例如：在一横之上作一短横，表示位置在于高处，表示上的意义。在一横之下作一短横，表示位置在于低处，表示下的意义。指事造字法比象形进了一步，但局限性也较大，因为许多事物不是用简单的符号能表示的。

会意是两个独体字的形式和意义组合起来合成一个字的造字方法。例如：“日”和

---

① 卢蓉．文房四宝与书法艺术[J]．华侨大学学报（哲学社会科学版），2010(1)：94-98.

“月”放在一起就是“明”。

形声，是指通过形旁（又叫形符）和声旁（又叫声符）来表达字义。例如：“妈”女表示意思，马表示发音。

转注，指把某个汉字的意思转作其他意思。例如：比如“命令”的“令”字，即可当作“长官”之意使用，又可用来转用称呼像“县令”那样身居一定官职或地位的人。

假借，没有相对应的汉字的情况下借用相同读音的其他汉字。比如“华”代表“花”。

隶书始于秦代，成熟并通行于汉魏。出土的四川青川战国末期木牍、甘肃天水秦简、湖北云梦睡虎地秦简、长沙马王堆汉墓帛书、山东临沂银雀山汉简，已经打破了大篆→小篆→隶书这种简单的线性逻辑，而清晰地标划出汉隶嬗变过程：大篆→草篆（古隶）→隶书。换言之，小篆和隶书都是大篆书体演化的结果。早期的隶书脱胎于草篆，用笔化篆书的曲线为直线，结构对称平衡。

小篆，峄山刻石局部

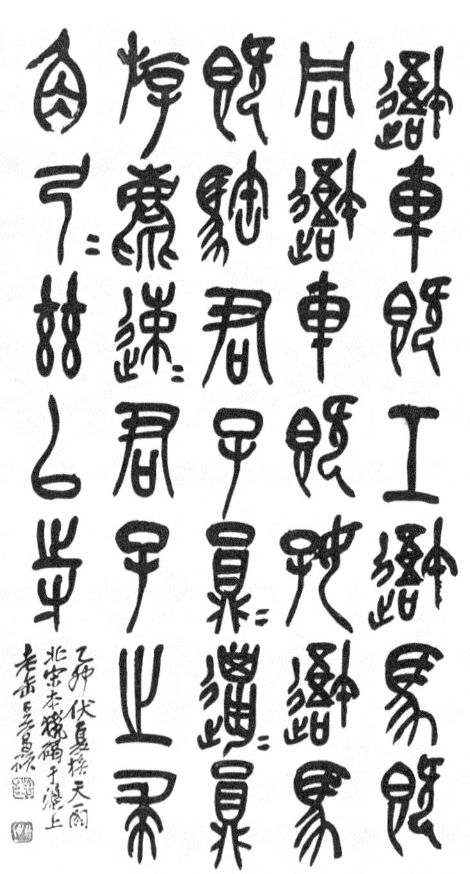

大篆，清·吴昌硕石鼓文

楷书始于汉末，盛行于东晋，用笔灵活多变，讲究藏露悬垂，结构由隶书的扁平变为方正，追求一种豪放奇传的美。宋曹《书法约言》说：“笔笔着力，字字异形，行行殊致，极其自然，乃为有法。仍须带逸气，令其萧散；又须骨涵于其，筋不外露。无垂不缩，无往不收，方是藏锋，方令人有字外之想。”

隶书，东汉曹全碑

草书产生于汉初。广义的草书包括草篆、草隶、章草、今草、狂草等。狭义的草书指具有一定法度而自成体系的草写书法，包括章草、今草和狂草三种。草书把中国书法的写意性发挥到极致，用笔上起抢收曳，化断为连，一气呵成，变化丰富而又气脉贯通。

楷书，唐・颜真卿勤礼碑

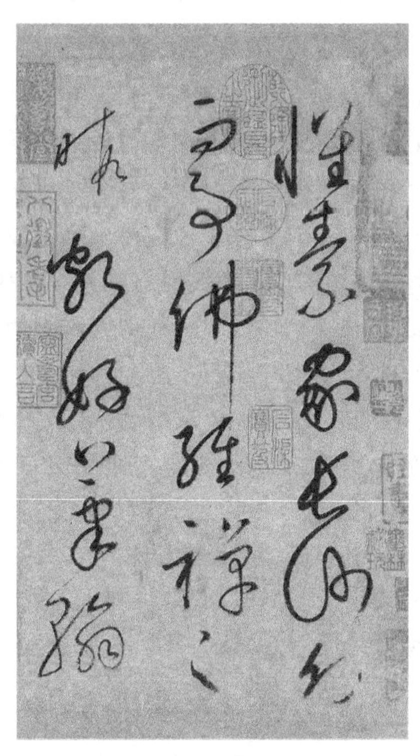

草书，唐・怀素自叙帖

行书始于汉末，盛行于晋代。行书切合实用，兼有楷书和草书的长处，既具备楷书的工整，清晰可认，又存有草书的飞动，活泼可现。行书伸缩性大，体变多，萦回玲珑，生动流美，且平易近人，为书法家提供了笔歌墨舞的广阔天地[①]。

行书，东晋・王羲之《兰亭序》

关 键 词

【六书】中国古代对汉字构造和用法的六种基本分类。

3.2 重要的书法工具——宣纸

纸的发明[②]

作为中国古代“四大发明”中最早的一项发明，造纸术不仅对人类文明做出过杰出贡献，而且至今仍在人们的生产和生活的众多领域中发挥着重要作用。

考古发掘证明，中国造纸术至少早在西汉初期即已出现。现在所见西汉最早的纸，是1986年出土于甘肃天水放马滩西汉墓的“放马滩纸”和1957年出土于西安灞桥汉代墓葬区的“灞桥纸”。据科学测定，两纸均以麻为原料，但纸质较粗，色黄，可见创始阶段造纸技术水平较低。

东汉时期，蔡伦改进了造纸术，其贡献主要在两个方面：其一，对造纸原料做了重要拓展，西汉及东汉初年，造纸所用原料主要为破布、绳头等麻类物，自蔡伦始用楮皮、渔网造纸；其二，改进了抄纸技术。

由此可见，中国造纸术发明于西汉初年，至东汉蔡伦以后，在材料、技术等方面已基本成熟和完善，奠定了中国造纸技术的基本模式。其后，造纸工艺在此基础上不断改进和提高，并愈来愈多地用于绘画和书法。

---

① 王岳川．王羲之的魏晋风骨与书法境界[J]．北京大学学报(哲学社会科学版)，2011，48(6)：130-140.

② 王阳，盛杰，张志礼，等．宣纸的生产工艺与发展[J]．中国造纸，2018，37(11)：61-68.

宣纸及其分类[①]

宣纸始于唐代，兴于明、清，具有良好的润墨性、稳定性、耐久性、抗虫性，是我国古法造纸的巅峰之作，在 1500 多年的历史中深受文人墨客所青睐。近年来，宣纸的传统制作技艺愈加受到人们的重视，先后被列入国家级非物质文化遗产及人类非物质文化遗产名录。

按加工方式，宣纸可分为生宣、熟宣、半熟宣三种。

生宣是指未经明矾等施胶加工的宣纸，具有表面较粗糙、白度较高、柔软度好、疏松多孔的特点。生宣对墨水的吸收性较强，笔落形固，墨水可以迅速被吸收，因此，使用时具有墨韵变化、层次多变的特点，一般适用于绘画手法中的泼墨法、积墨法等写意书画。

熟宣是指加工时经明矾等施胶处理的宣纸，相比于生宣其质地较为挺硬，着墨时墨水不会洇散，吸墨后湿强度大，不易破损，可在同一处多次下笔，因此，熟宣适于绘制工笔画。此外，熟宣可进行再加工，形成具有不同颜色、花纹、版式的加工纸，如珊瑚、云母笺、冷金、酒金、蜡生金花罗纹、桃红虎皮等。

半熟宣由生宣加工而成，吸水能力和润墨性介于生宣与熟宣两者之间。半熟宣是利用豆浆汁、糯米汤或者石花菜液混合少许骨胶、明矾后浸透生宣，置于阴暗处干燥而成。

4　教材里的故事：汉语书写体系连接古今

尽管历史跌宕起伏，中国因其古老文明一直延续至今而闻名于世。其存续的原因有很多，但主要因素之一是汉字的书写体系。

起初，汉语是一种基于图形的语言。它可以追溯到数千年前使用龙骨的时期——古代中国人在这些骨头和壳上面刻画简单的符号。这些符号在今天的汉字中仍然可以看到。

到商朝(公元前 1600 年—前 1046 年)时，这些符号已经演变成一套完善的书写体系。在随后的年代里，这一体系发展成了不同的形式，这是由于当时中国人居住地域的分隔，从而导致不同的方言和汉字变体的产生。然而，这在秦朝(公元前 221 年—前 206 年)秦始皇统治时期发生了变化。

秦始皇统一六个诸侯国后，在这个统一的国家里，汉字书写体系开始朝着一个方向发展。这一书写体系对于团结中国人民和中国文化具有重要意义。即使在今天，不管住在哪里，也不管说何种方言，中国人都仍能通过书写(文字)进行交流。

汉语也成为连接中国现在与过去的一个重要媒介。现代中国人可以阅读古代中国人撰写的经典作品。中国人对其书写体系推崇备至，这体现在汉字发展为一种艺术形式——书法。书法已经成为中国文化的重要组成部分。

如今，汉字书写体系仍然是中国文化的重要组成部分。随着中国在全球事务中扮演

---

① 赵权利．纸史述略[J]．美术研究，2005(2)：51-60.

着越来越重要的角色,越来越多的国际学生开始通过汉字这一奇妙的语言了解和欣赏中国的文化和历史[①]。

5 跨文化访谈

5.1 访谈对象情况简介

访谈对象: Simon
国家/地区:非洲
访谈语言:中文

5.2 访谈内容

采访者:在这个采访之前,你知道书法吗?

Simon:是的,我知道。我第一次学书法是在 14 岁上学的时候。当时,没人教我。有一天,我一看到中国书法,就爱上了它,于是就试着自己写。我买了几支笔便开始写,一旦开始写,就不能停止,必须坚持下去,否则就会前功尽弃。我没有定期练习的动力,所以现在书法没有学好。

采访人:你知道多少种书法字体?

Simon:我熟悉英语书法,但不知道中国书法有这么多种。我们只熟悉一种书法,并用专门的笔来写,种类不同是因为笔尖有大有小。我们不用毛笔。我不知道中国书法还有不同的类型。

采访人:这是中国书法的四大字体!(展示图片)您最喜欢哪种字体?为什么?

Simon:不瞒您说,我真的很喜欢书法。没有我不喜欢的类型。在我看来,没有不好的书法,但如果让我选,我会选这个(行书)。我喜欢这个,因为它看起来像水。有一种流动和韵律的元素。我还认为它是最难写的。

采访人:你对中国书法还有其他看法或问题吗?

Simon:我认为医学就是医学,但我认为书法是另一种"医学"。它能帮助你停下来思考,享受美好的事物。书法让你能够在安静的时候,创造一些属于自己的东西,并把它从你的脑海中转移到纸上,这种感觉非常棒。我觉得书法是治愈心灵的良药。我真的很喜欢与西方书法截然不同的中国书法,中国书法应该继续发展和创新,期待书法家们创作出更多类型的书法作品。

---

① 引自中学《英语》高中必修一 Unit 5《Languages Around the World》(人民教育出版社,2019 版)。

第八单元

中国戏曲

1 文化符号:川剧

川剧变脸与喷火

变脸和喷火:川剧神秘迅猛的变脸和喷火技艺是中国传统戏曲剧种之一。中国戏曲是包括文学、音乐、舞蹈、美术、设计、武术、杂技以及表演艺术综合而成的。

1.1 变脸

变脸是川剧中一个极具神秘和技巧性的表演元素。演员在表演过程中通过迅速换取面具的方式,让观众见证面具瞬间变换颜色或图案,展现出多变的面部表情和角色性格。这种技艺要求演员具备高超的技巧和快速的动作,常常是川剧表演中引人注目的亮点之一。变脸的技艺传承有序,属于川剧表演中的顶尖技巧之一,也是吸引观众的重要特色。

1.2 喷火

在川剧表演中,喷火是一种具有震撼力的表演技艺,通常出现在一些特定角色或场景中。演员通过口中喷出火焰的方式表现出特殊角色的神秘和威严,使表演更加生动和引人入胜。喷火技艺要求演员具备严谨的训练和对火焰安全的掌握,同时需要演员具备稳定的心理素质和专业的表演技巧,以确保表演安全和效果。

中国戏剧相关视频

1. 国粹——川剧变脸

http://xiqu.cctv.com/2013/06/01/VIDEyyh03rK3En9i6aufWa7Y160123.shtml

2. 昆曲

https://www.chinadaily.com.cn/a/202303/27/WS6420ef0fa31057c47ebb6a86.html

【活动】

Q1:视频中的变脸和喷火技艺是如何做到的?

Q2:猜一猜不同颜色的脸谱有着怎样的意义呢?代表什么人物?

2 文化隐喻

2.1 梁山伯与祝英台

东晋时期,浙江上虞祝家庄有个女孩名叫祝英台,小名九妹,她一心想去杭州求学,其父亲阻拦无效,不得不同意祝英台女扮男装,并由丫鬟扮作书童陪同前往。

祝英台在杭州草桥门(今望江门)外,与来杭州求学的会稽(今绍兴)青年书生梁山伯邂逅,两人交流十分融洽,相见恨晚,当场结拜为兄弟,这就是“草桥结拜”的典故。两人来杭州就读于万松岭的万松书院,同窗三年,山伯始终不知英台为女性。后来,英台接到家信促其速归。英台钟情于山伯,但又不便明言,只好将白玉扇坠请师母转交山伯,作为爱情信物。

临别时,山伯送行,一路上英台18次向山伯暗示自己的情意,但忠厚老实的梁山伯始终未悟。两人行经凤凰山时,祝英台说家有个九妹,愿为山伯做媒,望他早来祝家,这就是“十八相送”。山伯后来从师母处得到玉扇坠并获悉真情,急忙赶去祝家庄,但这时英台已被其父许配给太守之子马文才。英台据理抗婚,至死不从,并与山伯在绣楼中相会,表明心愿,这就是“楼台相会”。

山伯遭此打击,气急而病,一病而亡,英台闻噩耗拼死到梁家吊孝,这就是“吊孝哭灵”。随后,马家前来娶亲,英台浑身缟素,要求途经山伯之坟一祭,祝父无奈只好应允。

轿至山伯坟前,英台下轿祭奠痛哭,霎时雷电大作,风雨交加,霹雳一声,坟头开裂,英台纵身跃入坟中。瞬间阴云四散,雨过天晴,一对美丽的彩蝶自由地在一碧长空中翩翩起舞，这就是梁祝精灵的化身，表示了生不能成婚匹配，死也要成双结对的强烈愿望。

1954 年 5 月，周恩来总理率中国政府代表团参加日内瓦国际会议。为了让与会代表和新闻记者了解中国悠久的传统文化和新中国成立后的新气象，中国代表团带去了国内新拍出的第一部彩色(越剧)影片《梁山伯与祝英台》。在不知道外国观众对越剧是否感兴趣的情况下，周恩来总理指示在请柬上写上："请你欣赏一部彩色歌剧电影——中国的《罗密欧与朱丽叶》。"《梁山伯与祝英台》果然受到了外国观众的喜爱。

关　键　词

【梁山伯与祝英台】中国古代四大爱情传说之一，讲述了梁山伯和祝英台两位相恋的青年男女，在命运的挑战下，最终以悲情收场的感人故事。

【破茧成蝶】指蝴蝶有着生命与复活、蜕变与重生的象征意义。正如蝴蝶破茧，躯体死亡或许是灵魂的解脱，自此脱离沉重的肉身，越向新的境界。

2.2　霸王别姬①②

《霸王别姬》是中国的传统戏曲剧目，它讲述的是楚汉相争时期的故事，主要角色包括项羽、虞姬和刘邦等。这个剧目在中国的戏曲舞台上有着非常高的地位，被誉为"中国戏曲之最"。

秦末时期，楚汉相争，刘邦与项羽约定以鸿沟为界，各自罢兵。汉将韩信派遣李左车诈降楚霸王项羽，诱项羽攻打沛县。项羽因不听众人劝告，执意发兵。行至九里山附近时，遭到韩信设下十面埋伏阵，被困于垓下。项羽知道自己刚愎自用，导致许多谋士将才投靠刘邦，如今被围困，唯有殊死一搏才有可能突出重围。

张良以箫管谱成楚歌，令汉军在深夜齐声高唱，引起楚军思乡之情而使军心涣散。歌声被虞姬巡营时听到，告知项羽。项羽随虞姬出帐细听，以为刘邦已得楚地，感到大势已去，便回帐中与虞姬饮酒悲歌。虞姬深明大义，再三劝阻霸王，劝阻不成，霸王最终被困垓下，虞姬情深意切，纵然改变不了大局，但也要陪伴霸王左右。大势已去，万般无奈，不舍的心情为霸王最后一舞，一解忧愁，壮烈自刎，体现一个女性坚强不屈的品质和伟大的家国情怀。项羽掩埋了虞姬后，舍弃十万大兵，带了 800 骑兵连夜突围，逃至乌江，觉得无颜见江东父老，最终在乌江边自刎而死。

这部京剧不仅展现了项羽和虞姬之间的爱情故事，还深刻描绘了楚汉相争的历史背景。项羽的刚愎自用和虞姬的牺牲，共同构成了这部剧的悲剧氛围。

关　键　词

【霸王别姬】中国的传统戏曲剧目，以楚汉相争和项羽与虞姬的故事为背景，讲述了项羽战败、自刎之际，虞姬选择自刎以解项羽后顾之忧的动人故事。

---

① 王文章，吴江．中国京剧艺术百科全书[M]．北京：中央编译出版社，2011：11-13.

② 熊小薇．学习京剧《霸王别姬》对虞姬艺术形象塑造的点滴体会[J]．戏剧之家，2024(2)：37-39.

3 文化知识

3.1 生、旦、净、丑[①]

中国戏曲中的生旦净丑是四大行当，每个行当都代表着不同的戏曲角色类型和表演风格。

生

"生"是京剧中的重要行当之一，指的是男性角色，通常是正面英雄或中立角色，扮演着坚毅、正直的形象。按其扮演人物的身份、性格特征和表演特点，大致可分为老生、小生、武生、娃娃生等。"小生"扮演的是青少年男子，如《西厢记》里的张生、《玉堂春》里的王金龙等。"老生"主要扮演中年以上性格正直刚毅的正面人物，因多戴髯口，故又称"须生"，如《文昭关》里的伍子胥、《空城计》里的诸葛亮等。

旦

旦是女性角色的统称，可以分为正旦、花旦、武旦、老旦、彩旦等不同类型。旦行里最主要的一类是正旦，正旦还有一个名称叫"青衣"，扮演的一般都是端庄、严肃、正派的人物，大多数是贤妻良母，或者旧社会的贞节烈女之类的人物，如《红鬃烈马》里的王宝钏、《六月雪》里的窦娥、《铡美案》里的秦香莲等。

戏剧生角

戏剧旦角

① 《万象》编辑部. 唱念做打生旦净末——中国戏曲[J]. 万象，2019(1)：34-37.

净

俗称“花脸”。“净”指脸画彩图的花脸角色，看上去并不干净，故反其意为“净”。“净”以各种色彩勾勒的图案化的脸谱为突出标志，表现的是在性格气质上粗犷、奇伟、豪迈的人物，化妆用脸谱，音色洪亮，风格粗犷，通常通过夸张的表演手法和滑稽的动作带来喜剧效果。“净”主要分为文净、武净两大类，如《将相和》里的廉颇、《赤桑镇》里的包拯、《盗御马》里的窦尔敦等。

丑

丑则是专门扮演丑角的演员，因在鼻梁上抹一小块白粉，俗称小花脸。他们常常扮演粗俗幽默、活泼搞笑的角色，扮演戏曲中的喜剧角色，可分为文丑、武丑两大支系。文丑中又有袍带丑、方巾丑、茶花丑、老丑等。“袍带丑”因身穿蟒袍、腰围玉带而得名，多演帝王将相、公卿大夫中的喜剧人物，如《棋盘山》里的程咬金；“方巾丑”因常戴方巾而得名，多扮儒生、谋士中的喜剧形象，如《群英会》里的蒋干；“老丑”多扮心地善良、性格诙谐的老人，如《女起解》里忠厚善良的老差役崇公道。“武丑”俗称“开口跳”，讲究念白清脆流利，动作轻巧敏捷，着重翻跳扑跌的武功，如《三岔口》里的刘利华。

戏剧净角

戏剧丑角

3.2 唱、念、做、打[①]

京剧表演艺术是一种高度程式化、戏剧化的综合歌舞表演形式，唱、念、做、打是其中最为基本的四种艺术手段，也是京剧演员及所有戏曲演员所必备的四种基本功。

唱

唱，指歌唱，念指具有音乐性的念白，二者相辅相成，构成歌舞化的京剧表演艺术两大要素之一的“歌”。唱包括咬字、归韵、喷口、润腔等各种发音技巧以及吐字发声的规律，演员学习唱功必须学会喊嗓、吊嗓，以扩大音域和音量，提高演唱技巧，以及根据人物特点用唱来表现人物的精神和内心。

念

念，是戏曲演员的重要基本功之一，大多是结合唱和肢体动作同时出现的。念白基本上有韵白和散白两类之分，是一种经过艺术提炼的语言，节奏感和音乐性很强。念白常常用来作为唱的辅助手段，以表达戏剧中人物的性格和内心，是京剧艺术很重要的表演手段。

做

做，指舞蹈化的形体动作。做功是一种经过规范的、舞蹈化的包括手、眼、身、步在内的形体动作，演员必须灵活运用，以突出剧中人物的性格等各方面的特点，从而更好地塑造艺术形象。

打

打，是戏曲形体动作的另一重要组成部分。它是传统武术的舞蹈化，是生活中格斗场面的高度艺术提炼，基本分为把子功和毯子功两种。凡用古代刀枪剑戟等兵器（习称“刀枪把子”）对打或独舞的，称把子功。在毯子上翻滚跌扑的技艺，称毯子功。舞台上挑滑车，战千军万马，翻江倒海，则是靠武打的技巧和各种各样的“档子”（四股挡、八股档等）把它表现出来。这对演员的武打功底要求很高，常常出现高难度动作，有利于深刻展示人物内心，以及提高舞台魅力。

3.3 脸谱[②]

脸谱是戏曲表演中常见的道具，用于代表不同角色的性格、身份和命运。脸谱的颜

---

① 李彦楠．浅谈戏曲表演中的唱、念、做、打[J]．科学大众（科学教育），2013(6)：130.

② 《启迪与智慧》编辑部．京剧脸谱颜色的秘密[J]．启迪与智慧（少年），2019(5)：12-13.

色、图案和形状都有特定的意义，帮助观众快速识别角色特征。

起初，脸谱是通过夸大剧中角色的五官部位和面部的纹理，注重在形、神、意等方面，表现多种人物忠、奸、善、恶，寓意褒贬、爱憎分明等性格特点及思想感情，同时在着色上变化有致，勾绘精巧，富有图案美，具有鲜明的思想性和艺术性，进而为整个戏剧的情节服务。之后，脸谱在不断发展中由简到繁、由糙到精、由浅入深，自身逐渐成为一种具有民族特色的图案艺术。

红色脸谱通常代表耿直、忠义，有血性，多表现正面角色。如三国武将关羽。

黑色脸谱一般代表正直无私、刚正不阿以及性格直爽刚毅而勇猛的人物。如宋朝清官包拯。

白色脸谱通常代表奸诈、狡诈或阴险的角色。白色又分水白和油白，水白代表奸诈的反面人物，如曹操；油白代表比较狂傲之人。除此之外，鹤发童颜的老英雄、将官以及和尚、太监等角色也可以画白色脸谱。

蓝色脸谱则多代表勇敢有谋，表示人物性格刚强、豪爽。如清朝好汉窦尔敦。有时候也表示人物阴险、狡猾。

戏剧脸谱

关 键 词

【生、旦、净、丑】指中国戏曲中的四大行当，每个行当都代表着不同的戏曲角色类型和表演风格。

【唱、念、做、打】指中国戏曲中最为基本的四种艺术手段，是戏曲演员所必备的四种基本功。

【脸谱】指戏曲表演中常见的道具，用于代表不同角色的性格、身份和命运。脸谱的颜色、图案和形状都有特定的意义。

4 教材里的故事：京剧[①]

京剧是我国的国粹。它形成于1790年后，有200多年的历史。它的音乐和唱腔来自安徽和湖北的西皮和二黄。京剧有四大行当：生、旦、净、丑。京剧有很多著名的故事、漂亮的脸谱、美妙的身段和精彩的打斗场面。有些故事来自历史书籍，但大多数来自著名的小说。故事里的人物通常无法达成一致。他们生气、不开心、难过、孤独，有时候会害怕担忧，然后他们会找到一种和解的方法，通常大家会有一个圆满的结局。

京剧是中华文化重要的组成部分。过去，通常老年人喜欢京剧，年轻人不怎么喜欢。然而，现在更多的年轻人开始对京剧产生兴趣。全世界越来越多的人开始了解学习京剧独特的唱腔、表演和脸谱艺术。

5 跨文化访谈

5.1 访谈对象情况简介

访谈对象：R(姓名编码)
国家/地区：印度尼西亚
访谈语言：英文

5.2 访谈内容

采访者：Hello R, thank you for accepting our interview. After watching this video

① 引自中学《英语》初中八年级下册 Unit 5 Topic 1 Section D《京剧》(科学普及出版社，2013版)。

about Chinese opera, and what's your first impression of it?

R: I knew it before. The vibrant costumes, intricate makeup, and powerful singing instantly captivated me. The first impression was of an art form that is both grand and mysterious, carrying the weight of centuries-old tradition.

采访者: How has your understanding of Chinese opera evolved since you began studying abroad?

R: Studying in China provided me with a unique perspective on Chinese opera. After coming to China, I've come to understand that Chinese opera is not just entertainment; it's an encapsulation of Chinese philosophy, history, and social values. It's like a living museum that tells stories of our past and present.

采访者: Have you encountered any challenges in trying to understand Chinese opera or in introducing Chinese opera to your foreign friends?

R: Definitely. The biggest challenge is the language barrier which makes it difficult to explain the nuances of the lyrics and the historical context behind some of the operas. Additionally, the abstract nature of the performances can be confusing without proper introduction. And since this is a traditional form of culture, some students of my age don't actually understand this kind of form. So it's a little bit hard to make it heated among young generation. However, I see these as opportunities to bridge cultural gaps and foster a deeper understanding.

采访者: What aspects of Chinese opera do you think resonate with international audiences the most?

R: I believe the combination of music, dance, and drama in Chinese opera transcends cultural boundaries. The symbolism in the colorful costumes and makeup also fascinates international viewers. Moreover, the stories often revolve around universal themes such as love, loyalty, and justice, which are easily relatable regardless of one's cultural background.

采访者: In your opinion, what role does Chinese opera play in promoting cultural exchange?

R: Chinese opera serves as a bridge connecting different cultures. It offers a window into Chinese aesthetics, ethics, and history. By sharing the stories and meanings behind the performances, it helps build empathy and interest in Chinese culture among international audiences, fostering a sense of global community.

采访者: Do you have the similar kind of art back in your own country? What similarities do you think the two have?

R: Yes we do. We have a traditional kind of art which also uses masks and colorful customs as a special kind of form. So the first time I saw Chinese opera I thought of that similar kind of art in my country.

采访者: Wow that's cool! Finally, do you have any thoughts on how the appreciation of Chinese opera among international students might influence their overall perception of Chinese culture?

R:I think appreciating Chinese opera can definitely enhance international students' understanding of Chinese culture. It shows the richness and diversity of our cultural heritage. It also demonstrates that traditional arts can coexist harmoniously with modernity, which might change their perception of China as a conservative country with a sole focus on development.

第九单元

中国古诗

1 文化符号:《诗经》

关雎

关关雎鸠 在河之洲

窈窕淑女 君子好逑

《关雎》是中国古代第一部诗歌总集《诗经》中的第一首诗。这是一首歌咏爱情的诗,表达人们对美好爱情的向往和追求。这两句诗的意思是关关和鸣的雎鸠,相伴在河中的小洲。那美丽贤淑的女子,是君子的好配偶。

中国古诗相关视频

1. 古籍里的中国诗经

https://tv.cctv.com/2023/01/24/VIDEvKwKx0tBKSkb3WbYJvUw230124.shtml?spm=C55953877151.PXXwefeHcOAR.0.0

2.《关雎》

https://tv.cctv.com/2018/04/06/VIDENxaKt34TICEmGs4YqpQx180406.shtml

【活动】

Q1:你知道这首诗是什么意思吗?

Q2:朗读诗歌,体会诗歌中蕴含的情感。

2 文化隐喻

2.1 《诗经·关雎》蕴含的"儒家"文化[①]

《关雎》是《诗经》的首篇之作,讲述了男子对姑娘的爱慕之情,表达了青年男女健康、真挚的思想感情,以及他们对正当、自由的爱情生活的追求。此诗是儒家之典范,是孔子儒家推崇的"中和"精神。

孔子要求在诗歌的情感表达上要讲究有所节制,要把握好诗的情感氛围,不能过于"乐",也不能过于"哀",意境上要和谐含蓄。孔子曾评价《关雎》说:《关雎》乐而不淫,哀而不伤。意思是《关雎》这首诗,快乐而不致毫无节奏,悲哀而不过分,要讲究适度、平和、不能过于放纵。实质上这也是儒家对于情感表达的看法,要有适度的"中和之美"。《关雎》表面上是一首简单的爱情诗,其实是要通过爱情诗使人们了解礼仪规范,约束自己的行为,掌握好欲望的度。这正是中和之美,一切情感的表达都那么恰到好处。

首先,诗中所说"君子"的形象谦和有礼,君子则指先秦时社会地位很高、人格高尚的人。孔子认为,有才气有文化的人,才是真正有品德的人。用窈窕来形容女人更是恰到好处,给人一种温柔蕴藉之感。君子与淑女完美结合,有节有度,符合了孔子对艺术的审美要求和标准。贯穿了整首歌的基调,婉转动听却不轻浮,相思缠绵却不伤感。"君子"追求"淑女"也如当时的环境和时代有关,奏起琴瑟去亲近她、敲起钟鼓来取悦她。举止高雅,没有海誓山盟,也没有粗俗的行为。"君子"配"淑女"可谓是才子配佳人,适度的情感表现则是孔子所主张的。

其次,"君子"在表达爱意时充满激情但又不失理智,对"淑女"爱之入骨、日夜思念,却

① 陈倩楠.声乐艺术中"儒家"文化的体现——简析声乐曲《诗经·关雎》的文化内涵[J].北极光,2019(8):45-46.

又很有节制。诗中没有过度描写“君子”对“淑女”的狂热追求的过程，而是浓墨重彩地描写了追求不到后的“寤寐思服”，即白天黑夜的思念，和“辗转反侧”，即饱受思念的痛苦和折磨，躺在床上翻来覆去无法入睡。当“淑女”拒绝了“君子”后，“君子”也没有丝毫的抱怨和懈怠，反而继续“琴瑟友之”和“钟鼓乐之”，表现出了他是一个极其具有道德修养、善解人意和心胸宽广的人。这是典型的中国传统式的爱情告白，符合儒家的审美。

关　键　词

【《关雎》】指中国古代第一部诗歌总集《诗经》中的第一首诗，是描写男女之间爱情的诗歌。

【儒家】指中国古代的一个思想流派，以孔子、孟子为代表，以“仁”为核心思想。

【君子】指有学问、有修养、品德高尚的人。

2.2　飞花令[①]

酒令是中国独有的一种传统游戏，体现了酒文化丰富的内涵和高雅的娱乐功能。自唐代起，“飞花令”就成为深受文人墨客欢迎的一种酒令，一般以古诗词带“花”的句子为令，以五言诗或七言诗为常见。玩法按行令者的要求出句。如“花”在首字起句的，出句首字都要带“花”；要求第二字、第三字带“花”的（依此类推），大家都要遵令，违者罚酒。如要求第一人出句首字带“花”，第二人第二字带“花”，第三人及以后者都要按相应的字位带“花”，方为守令；如出句虽带“花”，但“花”的位置不符合要求，也要被罚酒。随着“飞花令”的不断发展，令字不再局限于“花”，如出现了“月”令、“风”令、“雨”令及其他字（词）令等。

仙游是诗礼文乡，历代官宦文人辈出。自宋代始，文人墨客及民间诗人就有玩“飞花令”的习俗。相传，蔡京爱“花”、郑侨爱“雨”，郑纪爱“月”。

再说福兴里浔阳郑侨，也是“飞花令”的爱好者。在他任宰相期间，常逢干旱，多地闹饥荒，他常带领官员，身着黑服，头戴竹笠，与百姓共同“乞雨”（祈雨），希望苍天降雨，解除旱情，于是“雨”字牢牢占据他的心中。每逢返浔阳探望亲友时，席间行“飞花令”都是以“雨”字行令。行令方法与传统的“花”字令相似。

明朝弘治年间“一品尚书”郑纪，在职时一心扑在公职上，为百姓减税增收，付出了很大的努力，身心疲惫。为缓解身心的劳累，郑纪常邀诗朋文友，泛舟木兰溪，载酒斜阳，望月对酒，喜行“月”令。清代，仙游文贤里有位举人叫吴赫，他喜爱“飞花令”，编有《飞花令大集》，其中除有“花”“月”“风”“雨”令句外，还见有“春”“雪”“江”“红”等众多令条，共有六千多句，蔚为“飞花令”大观。

20世纪80年代，仙游民间又见“飞花令”，机关、学校，每每都有人玩“飞花令”。除了传统的模式外，玩法还有所创新，难度有所提高，如采用古代诗人的诗句，联诗行令组成律诗，

---

① 吴燕泰．仙游古代文人与“飞花令”拾趣[J]．福建史志，2018(3)：54-55.

如“月”令：“一轮圆月照金樽”（李贺句），“金樽斟满月满轮”（王维句），“圆月跌落金樽内”（杜甫句），“手举金樽带月吞”（李白句）。联诗行令难度高，诗词功底浅者一般玩不来。

关 键 词

【**酒令**】酒文化的重要组成部分，是指助兴取乐的饮酒游戏。

【**飞花令**】中国古人行酒令时的一种游戏，源自古人的诗词之趣。

3 文化知识

3.1 《诗经》①

我国现存最早的经典汉语诗歌文化典籍《诗经》是文学与艺术的完美体现，它收录了周王朝五百年间从盛转衰的中国社会生活面貌，共收诗歌 311 篇，其中 6 篇为笙诗，即只有标题，没有内容，诗篇当时都配有曲调。《诗经》内容十分丰富，反映了人民的劳动、打猎、先祖创业的颂歌、百姓的恋爱、婚姻、贵族之间的宴饮交往等。在《诗经》中，我们能领略到古代词人带给我们的文字魅力，也能感受到诗文的音乐韵律。《诗经》在内容上分为《风》《雅》《颂》。《风》主要为各地的民歌，是《诗经》中的经典，反映了爱情与劳动的美好、对故乡的思念以及反压迫的怨叹和愤怒等。《雅》和《颂》多是反映统治阶级祈丰年、颂祖德等的生活。《诗经》在表现手法上分为赋、比、兴。孔子概括《诗经》的宗旨是“无邪”，教育弟子多读《诗经》，以其作为立言行的标准。孟子、墨子、庄子等先秦诸子也经常引用《诗经》中的句子，从而增强说服力。

关 键 词

【**《诗经》**】中国古代最早的一部诗歌总集。分为《风》《雅》《颂》三个部分。

【**《风》《雅》《颂》**】指《诗经》的三个组成部分。《风》主要为各地的民歌；《雅》是周王朝京都地区宫廷宴飨或朝会时的乐歌；《颂》是宗庙祭祀的舞曲歌辞，内容多是歌颂祖先的功业。

【**赋、比、兴**】指《诗经》的表现手法。赋，指平铺直叙，铺陈、排比；比，指类比；兴，以其他事物为发端，引起所要歌咏的内容。

3.2 《中国诗词大会》②

古诗词作为中华优秀传统文化的重要组成部分，对中国文化的发展产生了深刻影响。

---

① 陈倩楠．声乐艺术中“儒家”文化的体现——简析声乐曲《诗经·关雎》的文化内涵[J]．北极光，2019(8)：45-46.

② 李羽微．《中国诗词大会》中的传统文化传承[J]．文化产业，2023(36)：136-138.

《中国诗词大会》是文化传承与价值传递充分融合、传统文化与现代社会有力对接的时代产物。

《中国诗词大会》是一档竞技类电视综艺节目，在形式上糅合了真人秀、综艺等元素，节目组以海选的方式从全国选取一百位诗词达人共同参与节目录制，在竞技之中穿插播放参赛者的个人故事与经历，使节目既具有严肃性，也保持了特有的鲜活性，吸引了一大批不同年龄段的观众。《中国诗词大会》节目赛制以擂主争霸赛和个人追逐赛为主，通过一对多、点对面的多维比拼以及一对一的单线 PK 形式充分调动观众的情绪。在之后几季节目中，《中国诗词大会》还在赛制上进行了升级与创新，如第二季增加了“飞花令”，第三季增设了超级“飞花令”等环节，使比赛更加具有趣味性。《中国诗词大会》自播放以来，吸引了一大批诗词爱好者的关注，满足了人们的精神文化需求，激发了人们学习优秀传统文化的热情。

《中国诗词大会》的文化传播既注重诗词本身的文化价值传承，也注重其所蕴含的价值观传递。诗词按照内容、风格及思想情感的不同可以分为以下几类。第一，山水田园类诗词。该类诗词多表现古人热爱生活、勤于劳作的质朴情感。代表诗人有王维、陶渊明以及孟浩然。例如，孟浩然的“夜来风雨声，花落知多少”表达了作者喜爱春天和怜惜春光的情感。诗人把爱春和惜春的情感寄托在对落花的叹息上，爱极而惜，惜春即爱春，潇潇春雨也引起了诗人对花木的担忧。诗中时间的跳跃、阴晴的交替、感情的微妙变化都富有情趣，能给人带来无穷兴味。第二，边塞羁旅诗词。该类诗词多彰显爱国主义情怀，慷慨激昂，给人以强烈的情感冲击。例如，王昌龄的“但使龙城飞将在，不教胡马度阴山”，用汉代名将李广喻指唐代出征守边的英勇将士，歌颂他们决心奋勇杀敌、不惜为国捐躯的战斗精神。第三，送别怀远诗词。该类诗词歌颂友谊的珍贵。例如，王勃的“海内存知己，天涯若比邻”表现了作者乐观宽广的胸襟和对友人的真挚情谊，也道出了诚挚的友谊可以超越时空界限的哲理，给人以莫大的安慰和鼓舞。第四，思亲怀乡诗词。该类诗词多描写亲情，表达对故乡的思念之情。例如，李白的“此夜曲中闻折柳，何人不起故园情”既表达了作者的思乡之情，又写出了天下游子思乡的共同情感。第五，相思诗词。例如，王维的“红豆生南国，春来发几枝”便是借咏物而寄相思，抒发了作者对朋友的眷恋之情。第六，毛泽东诗词。毛泽东诗词上承古典诗词家国情怀、恢宏气质，下启现代文学现实关怀、百姓视角，意境极其高远，内涵极为丰富。例如，“雄关漫道真如铁，而今迈步从头越”“红军不怕远征难，万水千山只等闲”“不到长城非好汉”“数风流人物，还看今朝”……这些人们耳熟能详的诗句，反映了毛泽东革命理想高于天的崇高境界。

古诗词是我国古人用以寄托志向和抒发情感的表达方式，诗词文化在我国几千年的历史中占有重要的地位。《中国诗词大会》节目以创新之姿守护文化根脉，进一步激发了传统文化的生机与活力，促进了传统文化的传承与弘扬。

关 键 词

【《中国诗词大会》】中国的一个文化类节目，借助知识竞赛的形式，解读中华诗词，传播中华诗词。

【边塞诗】中国古诗的类型之一，是以边疆地区军民生活和自然风光为题材的诗。

4 教材里的故事

4.1 谈中国诗[①]

据有几个文学史家的意见，诗的发展是先有史诗，次有戏剧诗，最后有抒情诗。中国诗可不然。中国没有史诗，中国人缺乏伏尔泰所谓“史诗头脑”，中国最好的戏剧诗，产生远在最完美的抒情诗以后。纯粹的抒情诗的精髓和峰极，在中国诗里出现得异常之早。

中国诗是文艺欣赏里的“闪电战”，平均不过两三分钟。比起西洋的中篇诗，中国长诗也只是声韵里面的“轻鸾剪掠”。当然，一篇诗里不许一字两次押韵的禁律限制了中国诗的篇畅。可是，假如鞋子形成了脚，脚也形成了鞋子，诗体也许正是诗心的产物，适配诗心的需要。比着西洋的诗人，中国诗人只能算是樱桃核跟二寸[②]象牙方块的雕刻者。不过，简短的诗可以有悠远的意味，收缩并不妨碍延长，仿佛我们要看得远些，每把眉眼颦蹙。外国的短诗贵乎尖刻斩截。中国诗人要使你从“易尽”里望见了“无垠”。

一位中国诗人说：“言有尽而意无穷。”另一位诗人说：“状难写之景，如在目前；含不尽之意，见于言外。”用最精细确定的形式来逗出不可名言，难于资泊的境界。这就是一般西洋读者所认为中国诗的特征：富于暗示。我愿意换个说法，说这是一种“怀孕”的静默。说出来的话比不上不说出来的话，只影射着说不出来的话。济慈名句所谓：听得见的音乐真美，但那听不见的更美。

我们的诗人也说，“此时无声胜有声”，又说，“解识无声弦指妙”。有时候，他引诱你到语言文字的穷边涯际，下面是深秘的静默：“此中有真意，欲辩已忘言。”“淡然离言说，悟悦心自足。”有时他不了了之，引得你遥思远帐：“美人卷珠帘，深坐颦蛾眉；但见泪痕湿，不知心恨谁。”“松下问童子，言师采药去。只在此山中，云深不知处。”这“不知”得多撩人！

西洋读者也觉得中国诗笔力轻淡，词气安和。我们也有厚重的诗，给情悠、思恋和典故压得“腰弯背断”。可是中国诗的“比重”确低于西洋诗，好比蛛丝网之于钢丝网。西洋诗的音调像乐队合奏，而中国诗的音调比较单薄，只像吹着芦管。这跟语言的本质有关，例如法国诗调就比不上英国和德国诗调的雄厚，而英国和德国诗调比起拉丁诗调的沉重，

① 引自中学《语文》高中必修五第10课《谈中国诗》(人民教育出版社，2007版)。

② 1寸≈3.33厘米。

又见得轻了。何况中国古诗人对于叫嚣和呐喊素来视为低品。我们最豪放的狂歌比起你们的还是斯文;中国诗人狂起来时只不过有凌风出尘的仙意。

中国诗跟西洋诗在内容上无甚差异;中国社交诗特别多,宗教诗几乎没有,如是而已。譬如田园诗——不是浪漫主义神秘地恋爱自然,而是古典主义的逍遥林下——有人认为是中国诗的特色。如下面两节诗是公认为洋溢着中国特具的情调的,“采菊东篱下,悠然见南山。山气日夕佳,飞鸟相与还。”“众鸟高飞尽,孤云独去闲。相看两不厌,只有敬亭山。”

4.2 中国古代诗歌发展概述①

中国是诗歌的国度。中国诗歌历史悠久,如果从《诗经》算起,已经有三千多年的历史了。在漫长的岁月中,诗歌一直和中国人的日常生活、情感世界紧密相关。中国诗坛涌现出众多杰出的诗人和优美、感人的作品,诗歌创作的优良传统一直延续不断,成为我们今天引以为自豪的精神财富。

诗歌的源头是歌谣。上古时代,没有文字,只有在口头上传唱的歌谣。由于没有文字的记录,所以我们今天难以窥见其历史原貌。

大概到了周代,周王朝为了制礼作乐,曾派采诗官在春、秋两季到各地搜集歌谣,贵族们为了祭祖、宴客、出兵、打猎、讽喻等目的也作诗、献诗,这些诗在公元前6世纪左右被编辑成了《诗》。《诗》共收入自西周初年(公元前11世纪)至春秋中期(公元前7世纪)大约五百年间的诗歌305篇,所以又被称为“诗三百”,汉代以后被尊为经典,遂有《诗经》之称。《诗经》是中国最早的一部诗歌总集,也是中国诗歌最早的、最为重要的一个源头。其中的作品按照音乐分为“风”“雅”“颂”三部分。“风”是带有地方色彩的民歌,共有15个诸侯国的民间歌曲160首,又称十五“国风”。“雅”是周王朝直接统治地区的音乐,共有105篇。“颂”是用于宗庙祭祀的歌舞曲,共40篇。《诗经》的表现手法丰富多彩,后人曾经归纳为“赋、比、兴”。“赋”是铺陈叙述,“比”是比喻,“兴”是起兴。《诗经》在句式上以四言诗为主,章法复沓,回环往复;语言上双声叠韵的现象比较普遍,修辞巧妙,韵律和谐。但是,《诗经》对后世最大的影响在于后来汉儒借《诗经》所阐发的“诗言志”“美刺”“比兴”以及“温柔敦厚”的诗教观,一直被历代诗人奉为创作圭臬。

中国诗歌的另一源头是《楚辞》。《楚辞》是在战国后期南方的诸侯国楚国民歌的基础上发展起来的一种带有浓厚地方色彩的新诗体。它的奠基人和代表作家是屈原,他是中国诗歌史上最早的、影响最为深远的爱国诗人。现在能够确定的屈原的作品,主要有《离骚》《天问》《九歌》等。其中《离骚》集中反映了屈原的人格魅力和艺术成就。

汉代诗歌的新成就集中体现在汉乐府和汉末文人诗《古诗十九首》中。汉乐府的产生和汉代音乐机构——乐府关系密切。史载秦汉立乐府,但乐府的真正繁荣自汉武帝始。

① 引自中学《语文》高中选修《中国古代诗歌散文欣赏》(人民教育出版社,2005版)。

它的职责是采集民歌加以整理，配乐演唱。后来人们便把乐府所采集和演唱的民歌叫作“乐府诗”或“乐府歌辞”。汉乐府继承《诗经》反映现实的优秀传统，多为“感于哀乐，缘事而发”。它们反映的社会生活相当广阔，有很多抒写下层劳动人民生活和情绪的作品。汉乐府民歌语言朴素自然，活泼生动，且时有真率稚气。它们句式多样，以五言为主，是中国诗歌在语言形式上的一次创新。五言诗的标志是“二三”节拍，较之《诗经》四言的“二二”节拍，韵律上抑扬顿挫，更为优美，表情达意也更丰富自由。

随着汉乐府的流行，文人开始仿作五言诗，到汉末便呈现出五言诗大兴的局面。这是中国诗歌史上民歌影响文人创作的一件值得彰明显著的大事。

唐、宋两代是中国诗歌史上的黄金时期。唐诗、宋词是中国古典诗歌大花园中最为灿烂的两朵奇葩。唐诗是中国古典诗歌的高峰，盛唐诗乃是这座高峰的顶点。盛唐时期，诗坛名家辈出，风格多样，流派纷呈，其中最为杰出的代表是李白和杜甫。李白主要生活在大唐帝国最为辉煌的年代，是盛唐之音的天才歌手，后人又将他尊为“诗仙”。他诗中的形象往往是个性化的，带有强烈的主观感情色彩。想象奇特，手法夸张。他的乐府诗很多，取材广泛。七言古诗往往掺入杂言，雄壮、缥缈而奇丽。他的五、七言绝句，纯任自然，无意于工而无不工，优悠从容，闲雅超远。杜甫的生活经历跨越了安史之乱，他以积极入世的精神，用诗歌反映了唐朝由盛转衰的过程。他把个人的遭际和时代的不幸、民众的疾苦紧密联系在一起，描绘出时代的面貌和自己内心的悲哀，是变乱时代的伟大“诗史”。自中唐开始，杜甫就被称为“诗圣”，他是中国诗歌史上成就最高、影响最为深远的诗人。

在唐诗高峰之后，宋人别出蹊径，开启了好议论、重理趣、以文为诗、追求平淡的诗歌发展方向。苏轼是北宋诗坛最有成就的诗人，他的诗多达四千多首，才情豪迈，挥洒自如。诗中充满谐趣，饶有禅理，比喻之丰富、新颖，使人叹服不已。南宋诗人的优秀代表有杨万里、陆游等人。杨万里诗写景最工，有机趣，重“活法”，被称为“诚斋体”。陆游继承陶渊明、李白、杜甫等大家的传统，植根于自己的生活实践，在平易晓畅中呈现出一股恢宏踔厉之气，诗歌创作数量极多，是南宋诗坛当之无愧的盟主。

一代有一代之文学，和唐诗、宋词一样，元代也出现了一种新的诗歌样式——小令。小令也叫“叶儿”，是元散曲中的一种，即单支的曲子。由于它诞生于民间，较之以往的诗词，形式更为灵活，文字更为通俗。在内容上，嬉笑怒骂，皆成文章，有很强的现实性。在风格上，尖锐泼辣，清新幽默，毫无酸腐之气。同时，因有大量的北方方言融入其中，又呈现出浓厚的北方地域色彩。

综上可见，中国古典诗歌的生命力极其旺盛长久，在几千年的历史进程中，为中华民族先后培植出先秦诗骚、汉乐府、魏晋南北文人诗、唐诗、宋词、元曲等一朵朵诗苑奇葩。它不但以独特持久的艺术魅力吸引着后人去欣赏品味，而且它所承载的博大精深的文化传统和自强不息的民族精神，滋养着我们去创造新的诗歌艺术、新的民族文化。

5 跨文化访谈

5.1 访谈对象情况简介

访谈对象:匿名

国家/地区:斯里兰卡

访谈语言:英文

5.2 访谈内容

采访者: Have you ever read ancient Chinese poetry?

被采访者: Chinese poem? Yes,I heard about it. But I don't know much about it. I had a course in my first year. Yeah,I learned about Chinese nature and some kingdoms here. But then after I didn't have a chance to learn much about Chinese culture.

采访者: Okay,I'm going to show you an ancient Chinese poem. After reading it,you can tell me your feeling.

被采访者:I understood a little. The meaning may be a man is looking for a good girl. It's about a dream about his lady.

采访者: Yes,it's good. Are there similar poems in your country?

被采访者: We have a lot of poems in our country similar to this. Like some idea about our future boy,our future husband,and some idea,let's say a man can have an idea about his lady,future lady. I guess we have similar.

采访者: Thank you for sharing. Can you understand the title of the poem?

被采访者: No,I can't.

采访者: This is the name of a bird that has been given special meaning because it has only one companion for its entire life. Now we all know that the poem is about love,but why does the author start with birds? Do you think that's a little weird?

被采访者: Yeah,I found this. Is that an expression?

采访者: Yes. We started with a seemingly unrelated thing,in fact,to emphasize the theme,to lay the groundwork for the later expression.

被采访者: Then I can understand. I also found that here the man missed the lady so much that he even turned over and couldn't sleep.

采访者: Yes, and yet he did not seek out the lady. Because it's about Chinese etiquette.

被采访者: I could feel him holding back his emotions. And what's the meaning of "qinse" "zhonggu"?

采访者: They are some ancient Chinese Musical Instruments. In the past, they were very valuable, and only people of status had the right to use them. So Guanju Li's love is not between ordinary people. Speaking of which, have you noticed any similarities in the lines in this poem?

被采访者: Let me have a look. Yes, for example, "cen ci xing cai, zuo you liu zhi" is very similar to the last few sentences.

采访者: Yes, this technique is very common in the Book of songs. It's called rephrasing.

被采访者: Why write like this, repeating the same thing over and over again? Only a few words have been replaced in these sentences.

采访者: In this way, we can feel the continuation of the emotion and be able to highlight the expression of the emotion. I have a question, can you understand the word "Guan guan" at the beginning?

被采访者: I don't quite understand. The two words are the same.

采访者: Yes, in Chinese poetry we often combine two identical characters together. The "Guan Guan" here is to imitate the sound of a bird calling. Is that used in your country's poetry?

被采访者: Actually we don't repeat the same character again and again. We have some word, not the same thing. Okay. Oh, we repeat again and again. I can't think of a similar poem right now, but I'll send it to you on we chat if I find one.

采访者: OK. Do you understand the poem better now?

被采访者: Yes. I can feel a restrained love. Most of the poetry in our country does not express feelings directly. We are also an Asian country. I know that in Asian countries, as I observe, we don't express our interest for any other person.

采访者: Yes, that's true. We all tend to be more subtle in our emotional expression. So this is the end of today's interview, thank you very much!

被采访者: You're welcome. And I appreciate you inviting me.

第十单元

中国农历

1　文化符号:节气歌

春雨惊春清谷天，夏满芒夏暑相连。
秋处露秋寒霜降，冬雪雪冬小大寒。

二十四节气是中国古代根据太阳在一年中的运行位置及气候、物候等方面的变化规律所形成的知识体系。它反映了自然界万物生长、收藏、循环不息的规律，是人们认识自然、顺应自然、改造自然的重要参考。

二十四节气分别是立春、雨水、惊蛰、春分、清明、谷雨、立夏、小满、芒种、夏至、小暑、大暑、立秋、处暑、白露、秋分、寒露、霜降、立冬、小雪、大雪、冬至、小寒、大寒。每个节气都对应着特定的时间点和天气现象,如立春标志着春季的开始,雨水表示降水增多,夏至表示一年中白天最长等。

二十四节气不仅指导着农事活动,如播种、收割等,还影响着人们的日常生活和养生保健。人们会根据节气的变化来调整饮食习惯、起居作息等,以达到顺应自然、健康生活的目的[①]。

中国农历相关视频

1. 二十四节气

http://en.chinaculture.org/2020-02/04/content_1474844.htm

2. 清明

https://www.chinadaily.com.cn/a/202404/04/WS660e2a1ca31082fc043c05ad.html

3. 中秋

https://www.chinadaily.com.cn/a/202309/28/WS5f7411aea31024ad0ba7cde8.html

4. 端午—粽子

https://www.chinadaily.com.cn/a/202406/07/WS64929aefa310bf8a75d6b1db.html

5. 端午—龙舟

https://www.chinadaily.com.cn/a/202406/07/WS5ef3f711a31083481725543a.html

【活动】

Q1:你能试着通过拼音朗读一下二十四节气歌吗?

Q2:想一想二十四节气遵循了什么规律呢?

2　文化隐喻:后羿与嫦娥的传说

在中国的古老传说中,月亮的阴晴圆缺与农历月份之间有着密不可分的关系。这个故事源自古人对天文现象的观察和解读,蕴含着对自然规律的敬畏和向往。

相传在古代,天空中有十个太阳,它们轮流照耀大地,使得万物生长繁茂。然而,随着时间的推移,十个太阳渐渐变得贪玩,它们不再轮流出现,而是同时出现在天空中,炙烤着大地。大地上的河流干涸,草木枯萎,生灵涂炭。

为了拯救苍生,一位名叫后羿的英雄站了出来。他手持神弓,射下了九个太阳,只留下了一个太阳照耀大地。人们为了感激后羿的英勇行为,便推举他做了国王。

---

① 根据百度 AI 提供资料整理。

后羿的妻子嫦娥是一个美丽善良的女子。她不仅容貌出众，而且精通医术和天文知识。后羿深爱着嫦娥，他们过着幸福美满的生活。然而，好景不长，后羿的徒弟逄蒙得知了后羿的射日之功，便起了歹心，想要偷取后羿的神箭和仙丹。

嫦娥为了保护神箭和仙丹，便将其藏在了家中的百宝匣里。然而，逄蒙还是发现了嫦娥的藏身之处，他趁着后羿不在家的时候，威逼嫦娥交出神箭和仙丹。嫦娥无奈之下，只能吞下了仙丹。

吞下仙丹后，嫦娥的身体变得轻飘飘的，她不由自主地飞向了天空。在飞升的过程中，嫦娥看到地面上的人们正在为她的离去而悲伤哭泣。她心中不忍，便停在了离地球最近的月亮上，成为月宫的仙子。

嫦娥在月宫中度过了一个又一个孤寂的夜晚。她时常思念着人间的亲人和朋友，也关注着地面上的人们的生活。她发现月亮的阴晴圆缺与农历月份之间有着紧密的联系。每当农历月初时，月亮呈现出细细的月牙状；到了月中时，月亮变得圆润明亮；而到了月末时，月亮又逐渐变得细小暗淡。

嫦娥将这一发现告诉了地面上的人们。人们根据月亮的阴晴圆缺来安排农事活动和生活节奏。农历月份也因此而诞生，成为中国传统文化中不可或缺的一部分。

这个故事融合了多个民间传说和历史故事，其中的元素和细节可能因地域和文化的差异而略有不同。但大体上，这个故事都传达了古人对天文现象的观察和解读，以及他们对自然规律的敬畏和向往。这个故事不仅具有娱乐性，还蕴含着丰富的文化内涵和民俗价值，是中国传统文化的重要组成部分①。

关　键　词

【后羿】后羿是夏朝有穷氏首领，曾短暂掌握夏朝政权。他最为人所知的是神话中的射日英雄形象，传说中他射下九个太阳，拯救了苍生。同时，他也是古代历史中一个重要的政治人物。

【嫦娥】嫦娥是古代神话中的仙女，原为帝喾之女，后成为后羿之妻。因误食不死药而飞升月宫，成为月之女神。她的故事在中国文化中广为流传，象征着美丽与哀愁。

3　文化知识

3.1　中国农历

中国农历又称阴历、夏历、旧历、汉历等，是一种阴阳合历，而非单纯的阴历或阳

① 根据百度文库、百度 AI 提供资料整理。

历。它结合了太阳和月亮的运行周期来确定日期和年份，因此具有独特的特点和计算方法。

农历主要由月相的变化周期（即朔望月）来决定月份的长度，同时设置闰月以使平均历年适应回归年。朔望月的长度约为 29.5306 天，因此，农历的月份有大月和小月之分，大月 30 天，小月 29 天。而为了弥补因人为历法规定造成的年度天数与地球实际公转周期的时间差而设立的闰月，则使得农历的年份长度能够与回归年保持基本一致。

农历既考虑到了月亮的圆缺变化（阴），又考虑到了地球绕太阳公转的时间（阳），因此是一种阴阳合历。为了协调农历与公历（即格里高利历）之间的时间差，农历采用了闰月制度。通常每 19 年设置 7 个闰月，使得农历的平均历年长度接近公历的回归年。

农历中包含了 24 个节气，这些节气是根据太阳在黄道上的位置来划分的，反映了自然界的变化规律。同时，农历还与物候现象紧密相关，如春暖花开、夏日炎炎、秋风送爽、冬雪皑皑等。农历是中国古代人民在长期的生产实践中创造出来的宝贵财富，具有悠久的历史和深厚的文化底蕴。它不仅是中国传统文化的重要组成部分，也是中华民族智慧的结晶。

3.2 农历的应用

农历在中国传统文化中具有广泛的应用价值。它不仅是农业生产的重要参考依据，也是节日庆典、婚丧嫁娶等民俗活动的重要时间节点。此外，在中医、风水、占卜等领域中，农历也发挥着重要的作用。

中国农历是一种独特的阴阳合历体系，它融合了天文学、气象学、农学等多个学科的知识和智慧，具有广泛的应用价值和深厚的文化底蕴①。

关 键 词

【阴阳合历】简称农历，是中国传统历法，它结合了月亮圆缺变化的阴历和地球绕太阳公转的阳历，通过设置闰月来调整，使平均历年接近回归年。这种历法既体现了月亮的阴晴圆缺，又反映了太阳的季节变化。

---

① 根据百度百科、百度文库、百度 AI 提供资料整理。

4　教材里的故事

4.1　《清明》[①]

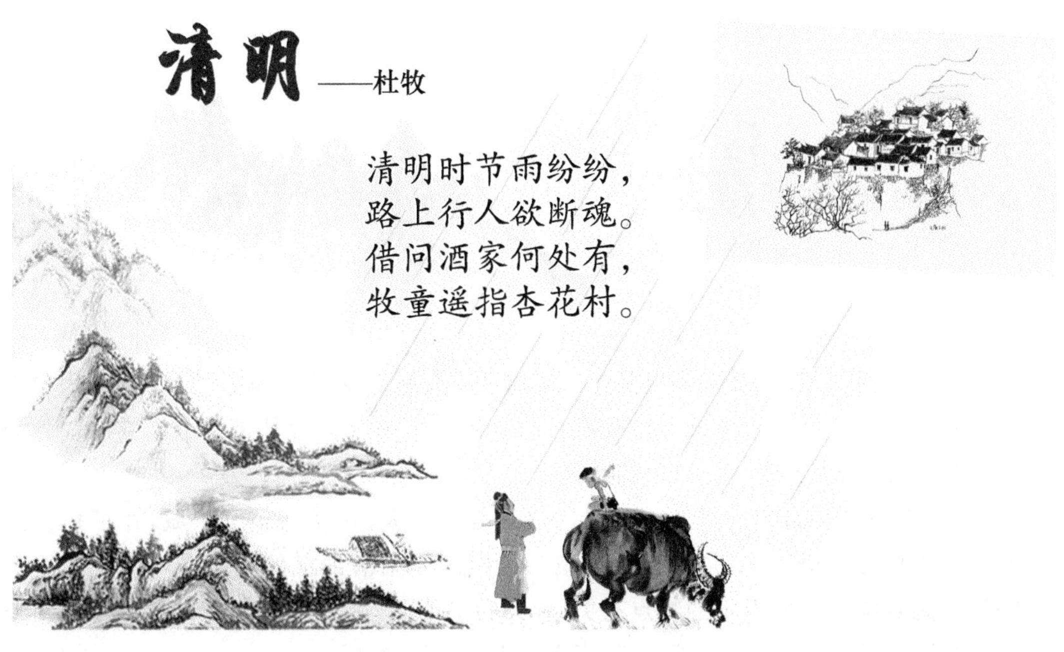

清明节

清明是我国传统节日，有扫墓、踏青等习俗。

《清明》一诗的首句交代了时间和场景，“纷纷”在这里不仅形容了春雨的意境，而且展现出诗人雨中行路时悲凉的心情。第二句直点“行人”当时的心境：清明时节，诗人孤身赶路，触景伤怀，心头的滋味是十分复杂的。可偏偏又赶上细雨纷纷，春衫尽湿，这又平添了一层愁绪，因而诗人用了“断魂”二字。天气如此，心情如此，找家酒店避雨休息，借酒浇愁，是很自然的事。可是哪里有酒家呢？诗人是向谁问路的呢？诗人在第三句里并没有告诉我们，妙就妙在第四句：“牧童遥指杏花村”。在语法上讲，“牧童”是这一句的主语，可它又是上句“借问”的宾语——它补足了上句宾主问答的双方。牧童答话了吗？我们不得而知，但是以“行动”为答复，比答话还要鲜明有力。

这首小诗，整篇是十分通俗的语言，写得自如至极，毫无经营造作之痕。音节十分和谐圆满，景象非常清新、生动，而又境界优美、兴味隐跃。

---

① 引自小学《语文》小学三年级下册第 3 单元第 9 课《清明》(人民教育出版社，2024 版)。

4.2 《早春呈水部张十八员外》①

早春呈水部张十八员外

韩　愈

天街小雨润如酥,草色遥看近却无。

最是一年春好处,绝胜烟柳满皇都。

注释

① 呈:恭敬地送上。

② 水部张十八员外:指唐代诗人张籍,他在同族兄弟中排行第十八,曾任水部员外郎。

③ 天街:京城街道。

④ 润如酥:形容春雨滋润细腻。酥,酥油。

⑤ 处:时。

⑥ 绝胜:远远胜过。

这是一首写给张籍的小诗,大概是诗人希望张籍能够出来看下春景吧,至于张籍去看了没有,根据诗人的这首诗,应该是没有成行的。古时候的人排行都是整个氏族同辈分的一起排,张籍就刚好排到十八,所以就称"张十八"。

首句"天街小雨润如酥"。"天街"只是虚指,以小见大,它实指整个京城,并不是说这雨就只下在京城的街道,也不是说只有京城街道的雨是柔滑细腻的。这春雨为什么给人"润如酥"的感觉呢?它跟春雨的特点有关,春天的雨细如丝,春风一吹,如烟似雾,洒到身上有"沾衣欲湿"的感觉,却又只是湿润,不会让人全身湿漉漉的。

第二句"草色遥看近却无"。草的生命力是顽强的,你冻不死它,也烧不死它,只要地下的根不死,它又能再次勃发。白居易诗写道"野火烧不尽,春风吹又生"。是的,它不惧环境的恶劣,当春天来临,它会再次吐出新芽。朱自清说春天"小草偷偷地从土里钻出来,嫩嫩的,绿绿的"。朱自清先生说的是将要长成的小草,的确是"绿绿的";本诗写的又略有不同,诗人写的是刚钻出来的草芽,它是淡绿而稍微带着黄色,当一大片连起来,在远处能朦胧地看到,可走近了,变得稀疏起来,就没有那么明显的视觉感了。"遥看"和"近却无"形成强烈对比,在其他万物还在积蓄力量时,小草就展现了春来的希望,展现了生命的顽强与不屈。诗人还有一首诗写了看见小草吐芽的欣喜:《春雪》"新年都未有芳华,二月初惊见草芽。"

第三句"最是一年春好处"。一年之计在于春,春天是万物复苏的季节,诗人这里更进一步:早春是春天最好的时候。确实,希望是最美的,也是最好的。早春就是希望,就是基础。所以,诗人认为早春是最好的。

尾句"绝胜烟柳满皇都"。"烟柳满皇都"的时候,就到了晚春了,那时柳絮飘飞,落红无

---

① 引自小学《语文》小学六年级下册第六单元第4课《早春呈水部张十八员外》(人民教育出版社,2022版)。

数，景色是优美，但春天也快过去了，古人一向有伤春悲秋的说法，那诗人认为早春“绝胜”晚春，就理所当然了。晚春也是生机勃勃，可诗人或许还是喜欢早春的希望，也不足为奇。

5 跨文化访谈

5.1 访谈对象情况简介

访谈对象：王烁（中文名）
国家/地区：俄罗斯
访谈语言：英文

5.2 访谈内容

采访者：What were your first impressions of the Winter Solstice in China?

王烁：My first impression was one of fascination. I was amazed by how deeply rooted the Winter Solstice, or "Dongzhi", is in Chinese culture. The emphasis on family gatherings and the various traditions felt very warm and communal.

采访者：What have you learned about the customs and traditions associated with it?

王烁：I've learned that customs vary by region, but common practices include making and eating foods that symbolize unity and prosperity, like dumplings in northern China and tangyuan.

采访者：I think the lunar calendar helps Chinese people determine the seasons. In Russia, we have a similar system.

王烁：Yes, we have the same concept. We use natural indicators like winter, autumn, and summer for activities like hiring labor and understanding the current season. For instance, animals hibernate in winter and wake up in spring. We have cultural markers for seasons.

采访者：What is this system called?

王烁：In Russia, we call it something like "current". The idea is the same, though the names differ. In China, months like February might be extended, unlike in Russia where February is fixed to 28 or 29 days.

采访者：Can you share any specific experiences or observations related to this during your time in China?

王烁：Sure. Chinese people wake up early and sleep early, focusing on perfecting their tasks, whether in agriculture, technology, or education. This might be linked to their seasonal markers, which date back to ancient dynasties.

In Russia, we have similar food traditions. For example, we eat dumplings, similar to Chinese dumplings, more in winter because they are warming. We also have four distinct seasons: autumn, spring, winter, and summer.

采访者: How do these seasons compare between Russia and China?

王烁: In Russia, winter is harsh with heavy snowfall, making transportation difficult and leading to school closures. Spring is cold with melting snow, especially in April and May. Summer starts in July and August, with temperatures around 25 to 30 degrees Celsius. Autumn is short, starting in August with wind and rain, and snow begins in October.

In China, winter lasts from December to February and is milder, especially in the south. Spring is very beautiful, marking a significant weather change.

采访者: How do you feel about the differences in seasons and their impacts?

王烁: The differences are significant. In Russia, winter can be challenging, but summer and autumn are mild. Spring and autumn are shorter compared to China, where transitions between seasons are more pronounced. Understanding these seasonal changes is crucial for adapting our activities and lifestyle accordingly.

第十一单元

中国人的家庭观

1 文化符号:家宴座次

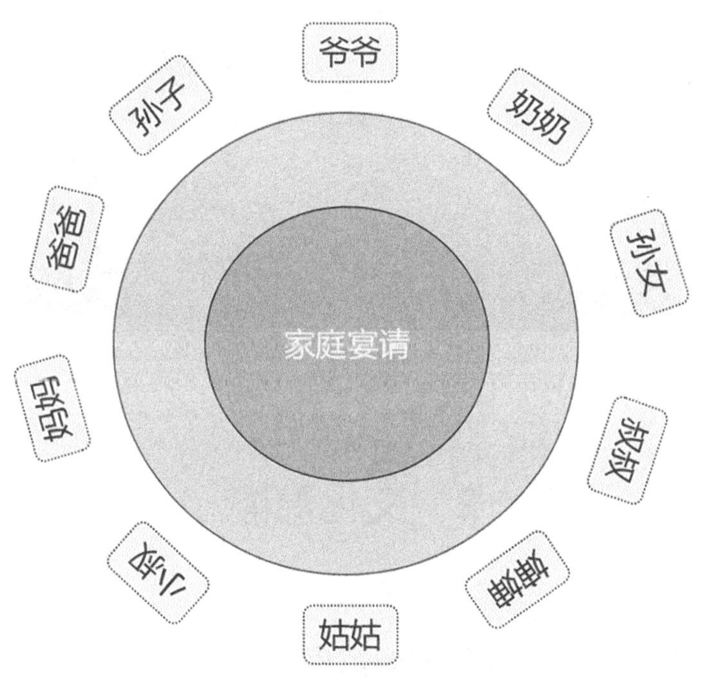

家庭宴请座次

中国人请客传统上用八仙桌。对门为上,两边为偏座。请客时,年长者、主宾或地位高的人坐上座,男女主人或陪客者坐下座,其余客人按顺序坐偏座。在中国,左为尊,右为次;上为尊,下为次;中为尊,偏为次。面门为上;居中为上;以离门远离主位近为上,同样远近以主位的右为上。注:主位右侧为主宾位,若主宾身份高于主人,为表示尊重,也可以安排在主人位子上座,而请主人坐在主宾的位子上。

中国人的家庭观相关视频

中国家庭文化

https://www.chinadaily.com.cn/a/202503/14/WS67d3f449a310c240449dae34.html

【活动】

请你看看下面这幅图，可以猜测出他们各自的家庭身份，并且找出主人位吗？

家庭就餐

2 文化隐喻

2.1 四世同堂——中国人的理想家庭①

"四世同堂"在中国从古至今的历史上都属于比较常见的现象。何为四世同堂，从最小的一辈算起，分别是自身、父亲、祖父、曾祖直系四代，祖孙四代人共同生活在一个屋檐下，这就被称为"四世同堂"。

可以说，"四世同堂"一直是中国人的家庭理想，祖孙四代生活在一个屋檐下，诠释了

① 李建铎，孙颖，林琳，等. 四世同堂：中国人的家庭理想[J]. 孔子学院，2015(2)：36-43.

人们所追求的家庭和睦、幸福长寿、多子多福、人丁兴旺。然而，现代意义上的“四世同堂”已和古时有所不同。随着家庭成员数量和居住环境等变化，四代人共处一室的情况变得越来越少，传统大家庭正向现代“三口之家”转变。据统计，20 世纪 50 年代以前，中国每户家庭有 5.3 人以上，但到 2012 年已缩减为 3.02 人。尽管“四世同堂”的结构已有些松散，但其所承载的家庭理想并没有改变。90%的中国老人仍然住在家里而不是养老院，子女也将照顾老人作为自己应尽的义务。例如，在李家的第四代出生以后，周末探望的家规还在延续。目前这一代中，最大的不过 6 岁，最小的只有 2 岁，但只要来到太太[①]家，小家伙们都是最先跑去向太太问好，年纪小的更是要在太太身边依偎很久。而太太每每看着这些孩子，也是笑得合不拢嘴。也许在中国人心中，只有当十几口的大家庭欢聚一堂，为做一桌父母爱吃的饭菜而忙碌，或共同围坐一起，抱着儿孙翻看泛黄的老照片时，才是“家”的完整概念。

四世同堂合家欢[②]

在静宁县威戎镇梁马村尹沟社有一个由 3 个小家庭、3 个中家庭组成的四世同堂大家庭。18 口人虽各有各的事，各忙各的活，但爱心与孝心把一大家人凝聚在了一起。嘘寒问暖、你帮我衬，牵挂老人健康、关心孩子成长，让这个大家庭在平凡的生活中书写着属于他们的幸福日子，在流淌的岁月里传递着传统美德的文明灯火。

春节是属于中国人辞旧迎新、阖家团圆的仪式。这个家庭也不例外，他们依然保留着传统的年俗。腊月二十三，80 岁的李秀珍作为家庭的大家长，带领着子女们进入了“忙碌”状态。当天，由大儿子尹孝武亲自上阵祭灶，祈求全家辟邪除灾、迎祥纳福。尹孝武说：“这是父辈们留下来的传统，不能丢，丢了就没有年味。”

“二十四扫房子、二十五蒸馒头……”三个当家女人也不闲着，相互帮衬着打扫卫生、炸油饼、逛超市买鲜蔬，提前为年三十的大团圆做着精心的准备。

腊月二十九，在外地工作和上学的小辈们也陆续返程，纷纷在大伯尹孝武家集合。打扫门厅、挂灯笼、贴窗花字的事自然交由年轻人来打理。李秀珍也不闲着，带着重孙尹心语贴起了福字。鲜红的福字寓意吉祥、幸福到来。

子孙满堂、儿女孝顺，李秀珍高兴得合不拢嘴。晚上，她拿出早已准备好的红包，用平时攒起来的钱仔细地准备着压岁钱。包完之后还要认真地数一数，一个都不能少。“过年，孙子、重孙都来看我，为孙子们盼个好彩头。”李秀珍乐呵呵地说。

年味最浓的地方，总在餐桌上。除夕当天早上吃过饺子后，李秀珍全家都投入到了团圆宴的准备中，刷碗、洗菜、准备水果大家各有分工。天黑光亮，随着象征新年到来的爆竹声响起，李秀珍一家人在倾心打造的年夜饭上，围坐而食，谈笑风生，举杯停箸，尽显人间烟火味。老人抱着重孙子舍不得放手，抹着眼泪说：“四世同堂不容易，赶上了好时候啊”。

---

① 对曾祖母的一种不常用称呼（编者注）。

② 齐荣．四世同堂合家欢[N]．平凉日报，2024-03-20(3)．

老人还给三孙女尹雪娜安排任务,要求她来年一定要谈个对象。老人的二儿子说起了家里第三代孩子们的成长趣事,逗得大家乐呵呵。家里人互相敬酒,说着“过年好”“万事如意”的吉祥话,整个屋子里都洋溢着和乐的气氛。

关　键　词

【四世同堂】指祖孙四代共同生活,无一人离世。即曾祖、祖父、父亲、儿子。形容家庭美满,人丁兴旺。

【尊老爱幼】指尊敬长辈,爱护幼小。

2.2　让清明成为弘扬优良家风的生动课堂①

弘扬优良家风,用好清明时节“好载体”。家庭、家教、家风,连着国运民生。弘扬优良家风,传承优秀传统文化要选择好时机。冰心《寄小读者》中说:“清明扫墓,虽不焚化纸钱,也可训练小孩子一种恭肃静默的对先人的敬礼。”作为一个祭奠祖先、缅怀先人的节日,重温家规家训,回忆家族往事,沐浴亲情恩泽,清明节为传承、培育和弘扬优良家风提供了“好载体”“好时机”。利用清明节,适时进行家风教育,努力弘扬中华传统美德,把众多符合社会主义核心价值观内容要求的好家风弘扬开来,让优良家教家风引领社会风尚。

弘扬优良家风,唱响家国情怀“主题曲”。弘扬优良家风也蕴含牢记民族历史,缅怀先烈精神,传承家国情怀的韵味。回顾百年党史,可谓“雄关漫道真如铁”。红军长征、抗日战争、新中国成立、改革开放、抗击疫情、脱贫攻坚……无数英雄先烈为了民族独立、人民解放、国家富强,用鲜血和生命谱写出一部部惊天动地、可歌可泣、流传千古的不朽史诗,实现了让中华民族从站起来、富起来到强起来的恢宏历程。清明节,不仅要追忆革命先烈的故事,播撒革命精神的种子,感念来之不易的幸福生活,还要接续唱响家国情怀“主题曲”,用革命先辈精神作为航灯,扛起新时代的历史重任,开启崭新征程。

弘扬优良家风,上好言传身教“必修课”。言传身教,家风内涵更易深入人心。在清明节弘扬优良家风,要上好言传身教这堂“必修课”。言传,开好家庭追思会,或重温家规家训,或诵读一篇祭文、一纸红色家书,将先人美德娓娓道来,让家风传承感动,让精神启迪后人;身教,无论是以鲜花祭扫、踏青遥祭、植树绿化等文明低碳祭扫方式来寄托哀思、缅怀先人,做移风易俗、文明绿色平安祭祀的践行者,还是实地到烈士陵园或参与网上祭英烈活动,传承红色基因、厚植爱国主义情怀,都是用实际行动弘扬优良家风。言传身教,率先垂范,一代做给一代看,才能传好优良家风“接力棒”。

清明寄哀思,家风继世长。在清明节这个特殊日子里,让我们用好清明时节“好载体”,唱响家国情怀“主题曲”,上好言传身教“必修课”,让清明成为弘扬优良家教家风、传承优秀传统文化的生动课堂。

---

①　彭松涛.让清明成为弘扬优良家风的生动课堂[Z].大江时评,2021-04-02.

关　键　词

【清明节】清明节又称踏青节，在每年4月4日至6日之间，是祭祀、祭祖和扫墓的节日。清明节与春节、端午节、中秋节并称为中国四大传统节日。

【冰心】冰心是中国近现代诗人、作家。冰心是其笔名，取自诗句“一片冰心在玉壶”。

3　文化知识

3.1　年夜饭的独特意义[①]

春节是传统历法新年的开端，是中国第一大节，而除夕是一年最后一天。除夕的晚餐——年夜饭是一年中的最后一顿饭，因此，年夜饭具有非常重要的地位。人们为年夜饭赋予了很多文化性质，使之成为包含多种象征意义的文化符号。

首先，年夜饭是极其丰盛的，象征着生活富裕，是幸福的标志。按照传统习俗，新年期间所有的食物都要在除夕之前准备完毕。从腊月二十三开始，每家陆陆续续煮肉、炸鱼、炸糕点，处理各种蔬菜，还要蒸好上百个馒头、豆包，分别储存备用。目的是保证新年期间可以简单加工就能轻松享用。这种习俗象征着来年工作轻松，生活幸福。从年夜饭开始，人们享用这一切。作为辞旧迎新的关键一顿饭，年夜饭当然要挑选最好的食材，种类也是最丰盛的。鸡鸭鱼肉是通常都有的，其中尤其少不了鱼，因为人们习惯上认为鱼谐音“余”，象征着“年年有余”。陕西北部山区缺水少鱼，人们就用浇了汤汁的木雕鲤鱼摆在盘子里，代表真鱼。年夜饭里这条鱼表达着人们对过去一年工作的肯定和对未来一年幸福富裕的期盼。这种习俗跟年画《连年有余》(上面画着莲花和鱼)表达的是同一种思想情感。有些地区人们吃年夜饭一定要故意剩下一些，也是象征年年有余。南京旧俗，做好的“年鱼”只看不吃，一直到初四之后才能吃掉，表达的象征意义也是相同的。

其次，年夜饭的各种菜也被临时赋予各种吉祥名称。以南京为例，藕被称为“路路通”，寓意一切顺利，荠菜叫“聚财”，黄豆芽叫“如意菜”，金针菜叫“真金筷”，黑木耳叫“乌金碗”，它们的象征意义更加直白，一目了然。吃这些菜，自然象征着发财、一切顺利、万事如意。

再次，年夜饭是团圆饭。平时一家人为了生活可能分居各地，工作忙碌，无法经常团聚。但是，在除夕之前，人们都要赶回家吃年夜饭，以实现阖家团圆的美好愿望。若是有人实在无法及时赶回家，家人通常会在餐桌上为他留一个座位，并设置一套碗筷，从而象征性地表示全家团圆。这是我国民俗重视家庭关系的反映。

最后，年夜饭是敬神、祭祖的饭。年夜饭做好之后，并不能立刻享用。人们先要把它

---

① 陈连山．年夜饭的文化变迁与回归[J]．人民论坛，2020(3)：77-79.

献给所有的神灵享用,这是表示对神灵的敬重与感恩。然后再献给家族历代祖先,这是表示慎终追远,对祖灵表示孝敬。而后,才正式开始自己享用。用餐也有规矩,依照辈分高低顺序,长辈首先动筷子,其他人随后。

年夜饭的仪式表明了人是具有信仰的存在,是具有伦理道德的存在。上述餐桌礼仪,使得人们通过年夜饭可以获得精神的升华。

关　键　词

【年夜饭】又称年晚饭、团年饭等,特指年尾除夕(春节前一天)的阖家聚餐。中国人的年夜饭是家人的团圆聚餐,这顿饭是年尾对一家人来说最重要的一顿晚餐。

【年年有余】民间有“无鱼不成席”之说,尤其是年夜饭,家家户户少不了一条鱼。因“鱼”与“余”谐音,寓意“年年有余”,象征新的一年里丰盛有余。

3.2　小家庭制、大家庭观①

家庭是传承中华文化、弘扬传统美德的重要纽带,在“家国同构”的政治话语模式下,家庭的基本治理单位功能被进一步放大。家庭制度类属于社会制度,经长期积淀而成,融合了政治、经济、文化等制度,且包含了社会基础治理形态的宗法-血缘关系。家庭是能够对接社会和国家的一个独特场域,正在成为撬动治理实践的机制和工具。对家庭的理论研究构成了理解社会治理的底层逻辑,也是构建中国社会理论的一种方法尝试。家国情怀是“家庭隐喻”多维面向的重要之维,是中华民族的精神基因和文化胎记,更是习近平新时代中国特色社会主义思想的重要内容,是超越了“小家”和“小我”的局限、着眼于“大家”和“大我”的大家庭观。“在家国情怀的传统构建中,血缘是人们情感认同的根基,是规范的源头。血缘认同是家国情怀的天然基础。同时,‘推己及人’类比外推的情感建构方式可以促成天下一体以及民胞物与的观念、情怀与境界。”循着上述观点,可见爱自己、爱小家、爱大家是爱国家的逻辑基础和必要条件,家国情怀的观念构建需要基于私人情感与公共价值的高度和谐,且有“爱自己、爱小家、爱大家、爱国家”情感逻辑的“差序格局”发展特征。然而,现代社会公共生活的陌生化,使得爱大家、爱国家丧失了部分实践的场域,而大家庭观主张的重塑堂表亲纽带和关系网络,扩展血缘关联边界,构建起类公共生活实践场域,在一定程度上能消减因公共领域陌生化形成对他人冷漠以及看客心理等的负面影响。大家庭及家族伦理成为关联家庭与社会、国家的重要中间环节。毋庸置疑,中国传统的大家庭制形成了“家国同构”的文化软实力及治理传统,并经提炼沉淀为“中华民族大家庭”符号。然而,在工业化与城市化持续推进的现代经济社会发展进程中,伴随着社会流动和分化加剧、宗族的消解、家庭核心化,以及为贯彻独生子女政策而实施的小家庭文化宣传,使堂表亲缺失或陌生化,社会大众的大家庭观已逐渐消失,以致家庭亲情不具外延拓展

① 董海军,刘海云. 小家庭制大家庭观:家国情怀的重塑路径[J]. 湖南师范大学社会科学学报,2022,51(3):76-83.

性，局限了家庭支持网络形成，加深了社会信任危机，扩大了不婚不育或少育群体，更削弱了家国情怀的具象理解和现实基础。因此，要铸牢社会大众具有家国延展性的祖国观和民族观，帮助其树立将小我融入大我、将小家融入大家的整体利益观，构建与传承家国连续传统的意识，就需要重视家国情怀的家庭基础，重构适应现代文明语境的大家庭文化是首要任务。

关　键　词

【家国同构】指家庭、家族和国家在组织结构方面具有共同性，均以血亲-宗法关系来统领，存在着严格的父权家长制，体现了血缘关系与政治关系的融合。

4　教材里的故事：散步[①]

我们在田野散步：我，我的母亲，我的妻子和儿子。

母亲本不愿出来的。她老了，身体不好，走远一点就觉得很累。我说，正因为如此，才应该多走走，母亲信服地点点头，便去拿外套。她很听我的话，就像我小时候很听她的话一样。

天气很好。今年的春天来得太迟，太迟了。有一些老人挺不住。但是春天总算来了。我的母亲又熬过了一个冬季。

这南方初春的田野，大块小块的新绿随意地铺着，有的浓，有的淡；树上的绿芽也密了；田野里的冬水也咕咕地起着水泡。这一切使人想起一样东西——生命。

我和母亲走在前面，我的妻子和儿子走在后面。小家伙突然叫起来："前面也是妈妈和儿子，后面也是妈妈和儿子。"我们都笑了。

后来发生了分歧：母亲要走大路，大路平顺；我的儿子要走小路，小路有意思。不过，一切都取决于我。我的母亲老了，她早已习惯听从她强壮的儿子；我的儿子还小，他还习惯听从他高大的父亲；妻子呢，在外面，她总是听我的。一霎时我感到了责任的重大，就像民族领袖在严重关头时那样。我想找一个两全的办法，找不出；我想拆散一家人，分成两路，各得其所，终不愿意。我决定委屈儿子，因为我伴同他的时日还长。我说："走大路。"

但是母亲摸摸孙儿的小脑瓜，变了主意："还是走小路吧。"她的眼随小路望去：那里有金色的菜花，两行整齐的桑树，尽头一口水波粼粼的鱼塘。"我走不过去的地方，你就背着我。"母亲对我说。

这样，我们在阳光下，向着那菜花、桑树和鱼塘走去。到了一处，我蹲下来，背起了母亲，妻子也蹲下来，背起了儿子。我的母亲虽然高大，然而很瘦，自然不算重；儿子虽然很胖，毕竟幼小，自然也轻。但我和妻子都是慢慢地，稳稳地，走得很仔细，好像我背上的同她背上的加起来，就是整个世界。

---

① 引自中学《语文》初中七年级上册第二单元《散步》（人民教育出版社，2016 版）。

【思考探究题】品味下面的语句,结合全文,说说你对课文深层含义的理解。

但我和妻子都是慢慢地,稳稳地,走得很仔细,好像我背上的同她背上的加起来,就是整个世界。

5 跨文化访谈

5.1 访谈对象情况简介

访谈对象:Ibrahim Sauyan(芮辛)

国家/地区:摩洛哥

访谈语言:中文

5.2 访谈内容

采访者:请问你为什么选择在中国学习?你对中国的最初印象是什么?

芮辛:我是一名来自摩洛哥的学生,我主修计算机科学。世界很大,我想去一些更大的地方接受高等教育。中国很大、很好,而且来中国也很方便,这就是我来中国的原因。我对中国的第一印象是,这个国家有很多美好的东西,一切都非常有秩序、有条理。

采访者:请问可以谈谈你对中国家庭观的理解吗?

芮辛:我只了解一点点。我觉得不同国家的基本家庭观是一样的,只不过对于不同的家庭来说,对这种通用的观念又会有不同的体现和理解,这得看情况。我所理解的中国家庭观的核心是尊重老人,这是一种一代又一代人的事。但是摩洛哥的家庭观和中国古代的家庭观有一些相似之处。家庭的主要目标就是生活和养育孩子,父母想要孩子有出息,他们会有很多压力,对孩子来说,我们要满足父母的期望,我们要为家庭做贡献,所以孩子也有压力。

采访者:请问你觉得称谓在维系家庭社会稳定中重要吗?

芮辛:当然,我觉得称谓是一个很自然的事情,就像我不会叫我的爸爸他的名字,这很冒犯。称谓是一种很好的文化传承,它有一些标准,用以表示尊重。

采访者:请问你经常使用社交称谓语吗?你最常用的汉语称谓是什么?觉得汉语称谓很难掌握吗?

芮辛:并不会经常使用称谓。我们学习中文,但没有系统学过有关这方面的知识,我知道“爸爸”“妈妈”这些称谓,也知道要用职业去称呼中国人,比如“老师”“医生”,现在我还知道了一个新词“先生”。我平常说的较多的称谓就是“老师”。我觉得不是很难,这得看情况。

第十二单元

中医学

1　文化符号:刮痧

刮痧是传统的自然疗法之一,它是以中医皮部理论为基础,用器具(牛角、玉石)等在皮肤相关部位刮拭,以达到疏通经络、活血化瘀之目的。现代科学证明,刮痧可以扩张毛细血管,增加汗腺分泌,促进血液循环,对于高血压、中暑、肌肉酸疼等都有立竿见影之效。适度刮痧,可起到调整经气、解除疲劳、增加免疫功能的作用。

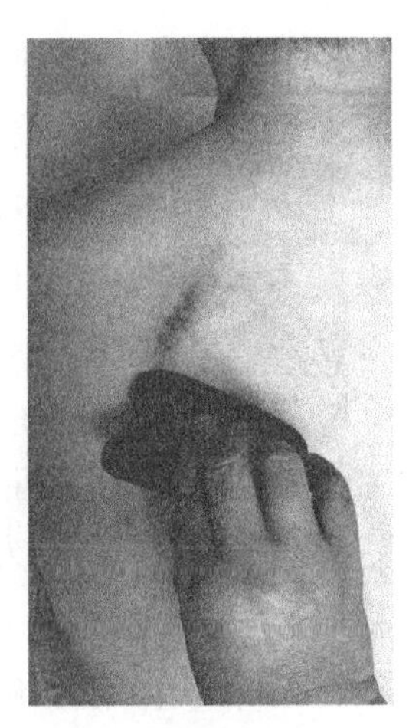

刮痧

中医学相关视频

1. 针灸

https://www.chinadaily.com.cn/a/202310/30/WS653f11b0a31090682a5eb679.html

2. 中医在法国

https://www.chinadaily.com.cn/a/202211/28/WS63840b50a31057c47eba1599.html

【活动】

Q1:上图中的人在做什么?

Q2:上图中的人背部为什么会有这样的痕迹?

Q3:你有没有听说过刮痧?

关 键 词

【刮痧】是采用刮具在人体表面的特定部位反复进行刮、点、挑、叩击等手法，使躯体皮肤表面出现局部痧痕，以疏通经络、排泄毒素，达到调整脏腑的气血阴阳，使之恢复平衡的一种物理性治疗方法。

2 文化隐喻

2.1 中医养生思想与中国古代哲学思想①

道家思想是中医养生理论的思想渊源

道家文化是中国传统文化的重要组成部分，道家泛指以老子、庄子学说为中心的哲学流派以及后世的道教。在中国传统文化的各个思想流派中，道家文化一直被学界公认为与中医学的渊源最为密切，对中医养生文化的形成起了主导作用。中医“养生”一词最早由道家提出，后世一直沿用“养生”一词。道教思想和文化与中医养生理论如影随形，密不可分，具体体现在以下几个方面。

养生防病的目标相同。道家的宗旨之一是追求长生不老，养生、避世、清心、寡欲等方式都是为了达到祛病延年、“全命保生”的根本目标。在道家很多经典著作中都明确提出修身养性、延年益寿为第一要旨的思想，这与中医养生的延年益寿尽天年的终极目标完全相同。

以养为主，治在病先的预防思想。《老子》中提出了一种居安思危、防患于未然的思想。这种养重于治的观点建立在这种道家思想基础之上，这两者都特别强调预防重于治疗的核心思想。

“顺应自然、与天地合参”的养生防病途径。道家学说认为，“道”是自然界发生、发展、变化的根源和法则，“道生一，一生二，二生三，三生万物”。道家崇尚自然，返璞归真，主张顺应自然，无为而治。《道德经》中就深刻体现出养生思想的核心，效法天地，以自然为法则，不做违背自然规律的事，达到“清静无为”和“少私寡欲”状态。道家强调人自身、人与自然、人与社会都是一个圆通的整体，与中医学主张人是与自然、社会相统一的有机整体一致。

以精充、气足、神旺为养生防病基础。道家认为，“道”是生命的本原，构成生命本原的“道”以“气”的形式出现，万物的生成与毁灭都是由于“气”的凝聚或消散的缘故。道家提

① 江玉．论中医养生内涵与中国传统文化[J]. 医学与哲学(人文社会医学版)，2010，31(8)：53-55.

出的精、气、神等基本概念为中医养生文化所接受，被全部引入中医学领域，并为中医养生奠定了唯物主义的理论基础。

儒家思想促进和丰富了中医养生文化

儒家思想发端于春秋战国之际，以孔子、孟子之学为代表。孔子作为儒家的师祖，也是杰出的养生大师，他对养生的真知灼见为中医养生学奠定了坚实的理论基础。孔子认为，具有仁德者方可通向长寿之路，因此，养身旨在养心，养心是为养性，把这种养性观融入中医养生文化之中，通过养性达到养生的最高境界。儒家思想开创了身心并重的养生之道，形成了自身传统特色和优势。儒家推崇“中庸”之美，追求一种恰如其分、达到整体和谐的完美。儒家文化不走极端、温良平和的特点对养生文化有很大的影响，与中医养生倡导阴阳调和的真谛相似。

2.2 天人合一的八段锦①

八段锦之名，最早出现在南宋洪迈所著《夷坚志》中，政和七年为北宋末年，这说明八段锦在北宋即已流传于世。“八”字既指八段锦由八个动作组成，同时也暗示八个动作是一个整体，它们之间相互配合、互相联系，实现一定的疗效。

八段锦的特点主要体现在以下几点。一是整体观念、天人合一。在起式、收式以及每一节起承转合过程中，都注重内心安静，体会形体、呼吸、意念与周围环境及大自然融为一体。二是松紧结合、张弛有度。松，指习练八段锦过程中动作时不僵硬，动作路线如画圆弧，各关节均处于自然舒展的状态。紧，是强调每节动作定式的时候肌肉舒缓而持续用力，保持持续的抻拉状态。三是注重呼吸、屏息调气。每式动作每次练习一般都配合一定的呼吸，在呼与吸之间还有屏气操作。

随着八段锦的广泛普及，应用也越来越广泛，它的医学疗效与健身功效也逐步被现代科学所证实。目前八段锦在许多慢性疾病的临床治疗与康复中取得了较好的效果。如对心血管系统疾病可以改善心功能、控制血压，对呼吸系统疾病具有改善肺功能、增加肺活量的功效。此外，还有改善慢性疾病患者心理状态、延缓衰老以及提高生活质量等功效。研究表明，八段锦可以应用于腰椎间盘突出症、颈肩部肌筋膜疼痛综合征、卒中后遗症、2型糖尿病及其合并的焦虑抑郁、代谢综合征、抑郁症、慢性阻塞性肺疾病、高脂血症、高血压、肥胖、强直性脊柱炎、骨关节炎、失眠症、偏头痛、经前期综合征、更年期综合征等多种疾病的治疗、预防及康复。

如今八段锦越来越受年轻人的喜爱，主要有两方面原因。一方面是传统文化的吸引力。近些年来，传统戏曲、中国茶道等传统文化在影视剧、游戏等领域的兴起，客观上带动了青年群体向这些活动靠拢，传统文化具有的独特魅力被越来越多的年轻人认为“超级

① 张海波．天人合一的八段锦[N]．中国中医药报，2019-06-27(3)．

酷”。此外,八段锦、太极、五禽戏等中国传统养生体育项目走进了高校,成为大学体育选修课,大学生成了观看、学习传统养生体育项目的主力军之一。另一方面和心理有关。这和“慢生活”理念的普及有关,这种生活方式的兴起也和部分年轻人希望能放慢自己生活的脚步,好好享受生活的观念有关系。

关 键 词

【**道家**】道家文化是中国传统文化的重要组成部分,道家泛指以老子、庄子学说为中心的哲学流派以及后世的道教。

【**八段锦**】是一套独立而完整的,由八节动作组成的健身功法。

3 文化知识

3.1 不只是医书!带你了解真正的《本草纲目》[①]

《本草纲目》的成书过程

李时珍是明代蕲州城(今湖北省蕲春县蕲州镇)人,生于1518年。李家世代行医,他十四岁考中秀才,而后三次乡试落第,便立志随父学医。他博览群书,刻苦攻读古人医药著作;又勇于实践,敢于创新,很快成为一名技术精湛的医生。后来,在担任楚王府奉祠正,兼掌良医所事(主管医疗保健)时,李时珍因医术高超被推荐到太医院任职。在长期的医疗实践中,李时珍发现在宋代编成《证类本草》之后,本草学便停滞不前,而且原有本草书中谬误不少,还偏激守旧,轻视民间药方。于是,他决心对本草书进行全面整理和补充。

回乡之后,李时珍创立东璧堂坐堂行医,受到“以纲挈目”“纲举目张”编辑方法的启发,他以这种体例开始编撰本草书,并将书名定为《本草纲目》。

为解决疑难,他深入实地考察,足迹遍及今湖北、河北、河南、江西、安徽、江苏等地。研究各种药物时,他总是先考察诸家异同,再自己观察试验,加以参证。他虚心拜农民、渔人、车夫、樵夫、捕蛇者为师,详细了解药物的生长、分布情况,收集到大量标本和民间单方。

历经27年,三易其稿,李时珍终于在1578年完成了190余万字的巨著。李时珍的4个儿子和6个孙子中的4个,以及他的徒弟都参与到《本草纲目》的编撰与出版工作中。如此祖孙三代、徒子徒孙共同进行如此规模宏大的科学巨著的编写工作,在世界史上绝无仅有。

① 王剑.不只是医书!带你了解真正的《本草纲目》[Z].刘渝西,采写.“道中华”微信公众号.

书稿完成后，为早日刊印，李时珍又四处奔走。遗憾的是，他生前并没有亲眼看到自己终生为之呕心沥血的这部巨著印刷出版。1593 年，李时珍过世。1596 年，金陵版《本草纲目》问世。

《本草纲目》的独特贡献

《本草纲目》全书五十二卷，收录药物 1892 种，系统记载药物名称、历史、形态、鉴别、采集、加工、功效等，附方 11096 首。在前代文献基础之上，书中新增的药物有 374 种，占全书药物总数的五分之一，新增医方 8161 个，占全书医方总数的四分之三。此外，《本草纲目》还附有插图 2 卷，载图 1109 幅，将植物特征、动物神态、矿物纹理等绘制得十分准确清晰。

《本草纲目》最大的贡献之一，是它创新了本草分类体系，提出“析族分类，振纲分目”的植物分类系统。基本上是从简单到复杂、从低级到高级的分类方法，接近现代植物分类学系统。

此外，《本草纲目》科学地将动物分为虫、鳞、介、禽、兽、人等部，又在每部下分若干类，与现代禽类学几乎没有差别。

值得一提的是，《本草纲目》还收载了各种矿物，不仅考察其药用价值，还有关于其产地、开采、探测，甚至冶炼的记载，对现代矿物学、地质学具有重要的参考价值。

可以说，《本草纲目》不仅是一部集大成的本草学著作，更是一部自然科学巨著。它以其科学性和实用性在现代医学及植物学、农学等学科中占有重要地位。

《本草纲目》在世界范围内的影响

早在 17 世纪初，《本草纲目》就传至日本。1650 年，波兰人卜弥格开创了欧洲人研究、翻译《本草纲目》的先河。法国人汤执中在 1735 年编撰的《中华帝国全志》中节录《本草纲目》，称其代表中国当时自然科学水平，这是第一个《本草纲目》法文节译本。18 世纪，法国人杜赫德将《本草纲目》称之为代表中国乃至世界当时自然科学的最高水平。

瑞典人拉格斯特朗将《本草纲目》推荐给他的朋友、欧洲著名生物学家林奈，林奈以他睿智的眼光发现了《本草纲目》中的宝贝——“以部为纲，以类为目，从微至巨，从贱至贵”（即从简单到复杂、从低等到高等、从无生命到有生命）的分类方法，写出了震惊世界的论文《自然系统》。可以说，《本草纲目》是他建立生物分类学思想的知识源泉之一。

目前，《本草纲目》已拥有了包括日文、拉丁文、韩语、法语、德语、英语、俄语等文字的 100 多种版本，流传于世界各国及地区。

《本草纲目》的当代价值

《本草纲目》内容之丰富、涉及面之广泛，可以称得上是一个庞大的知识体系，既有分科的知识体系，又有综合各学科的理论纲要，更有大量的实践积累。

除医药行业外，文献学、植物学、动物学、矿物学、物理学、化学、天文学、物候学、气象学、环境学、食品学、哲学、文学、民俗学、历史学、民族学、文物学等学科领域，也将《本草纲目》作为经典。如《本草纲目》中所收录的医案医话 400 余首，每一首都是医学与文学故事相结合的精品，反映了我国古代咏药诗的文化特色。书中还记载了大量民俗活动等，为后人研究古代民俗及文化提供了丰富的资料。

《本草纲目》问世至今，平均每 2.2 年就有一次翻刻印刷，是目前所知在国内外翻刻最多的中国科学著作。这表明，《本草纲目》依然具有强大的生命力。

关　键　词

【《本草纲目》】是由明代医药学家李时珍编著而成的，具有世界性影响的博物学著作，被国外学者誉为“东方药学巨典”。

4　教材里的故事

4.1　青蒿素：人类征服疾病的一小步[①]

非常荣幸在这里接受今年的拉斯克临床医学研究奖——这一生物医学领域最负盛名的奖项，衷心感谢评委会对我[②]在发现青蒿素及其治疗疟疾的功效等方面贡献的肯定。

我在童年的时候，曾目睹民间中草药治病救人的事例。那时候，我完全没有想到我的生命会和这些神奇的中草药紧密地联系在一起；我也从没梦想过有今天这样的隆重时刻，我的研究被国际科学界称颂。

1955 年，我从北京医学院药学系毕业，在卫生部中医研究院中药研究所开始了富有意义的工作，特别是在全脱产学习中国传统医学的那两年半中，我对中草药从好奇转化为热衷。那两年半的训练，使我发现了中医药学的丰富宝藏，领悟了中国传统哲学有关人体和宇宙的精妙思想。在中医药学和现代医药科学紧密结合的原则下，我的团队运用现代科学和技术，继承了中医药学的精髓，成功地从青蒿[③]中发现并提取出青蒿素。

奎宁[④]的发现，很大程度上得益于秘鲁历史上对金鸡纳树[⑤]的利用；青蒿素的发现，则是中医药学赠予人类的瑰宝。在研究最困难、最关键的时刻，我从传统中医文献中获得新的灵感和启示。青蒿素的发现是人类征服疾病进程中的一小步，基于青蒿素的联合疗法（ACT）已成为世界卫生组织推荐的一线抗疟方案，对此我深感鼓舞和欣慰。为此我也衷心感谢为

---

① 引自中学《语文》高中必修下册第三单元《青蒿素：人类征服疾病的一小步》（人民教育出版社，2019 版）。

② 此处指抗疟药青蒿素和双氢青蒿素发现者屠呦呦（编者注）。

③ 青蒿，菊科植物黄花蒿，茎、叶可入药。

④ 奎宁，俗称“金鸡纳霜”，一种生物碱，可做抗疟疾药物。

⑤ 金鸡纳树，常绿灌木或小乔木，原产南美洲。

青蒿素发现和应用做出诸多贡献的中国同事们和国际友人们。长久以来，中医药服务于中国和亚洲人民，毫无疑问，对传统医药的继续探索，会给这个世界带来更多的良药。我呼吁大力加强国际合作，推动对中医以及其他传统医学的研究，使之最大限度地造福人类。

发现青蒿素的抗疟疗效

疟疾威胁人类健康长达数千年。20 世纪 50 年代，由于疟原虫抗药性的出现，疟疾重新开始肆虐，消灭疟疾的国际努力遭受重挫。1967 年中国政府启动“523”项目来抗击疟疾。1969 年，中医研究院任命我领导抗疟药研究工作。我带领由植物化学和药理学专业研究者组成的团队开始从中草药中寻找并提取可能具有抗疟疗效的成分。

在第一阶段，我收集了 2000 个方药，挑选出可能具有抗疟作用的 640 个，从其中的 200 个方药中提取了 380 余种提取物，在小白鼠身上测试抗疟效果，然而进展甚微。

研究的转折点出现在青蒿上，其提取物显示有一定的抗疟效果，然而，实验结果很难重复，而且似乎与文献记录相悖。

为了寻求答案，我们查阅了大量的文献。最早提到青蒿治疗疟疾的记录，出现在东晋葛洪所著的《肘后备急方》中，书中有这样的话：

又方，青蒿一握，以水二升渍，绞取汁，尽服之

这句话让我深受启发：我们使用通常的加热提取方式，也许恰恰破坏了青蒿的活性成分。因此，考虑改为低温提取，以保存其抗疟有效成分。改变提取方式后，抗疟效果果然大幅度提升！

我们随后将青蒿提取物分为酸性和中性两大部分。在 1971 年 10 月 4 日，我们成功得到了安全性高的中性提取物，并获得对感染疟疾的小白鼠和猴子百分之百的抗疟药效！我们终于找到了发现青蒿素抗疟疗效的突破口！

从分子到药物

在 20 世纪 70 年代的历史环境下，新药的临床试验很难开展。为了战胜疟疾，我和我的同事勇敢地做志愿者，第一批尝试青蒿提取物，以确认其对人体的安全性。随后，我们赴海南对疟疾病人进行临床治疗，结果振奋人心：病人症状迅速消失！

受临床疗效的鼓舞，我们转向分离提纯，得到了抗疟的有效成分，于 1972 年 11 月 8 日，终于找到了这个熔点在 156～157 ℃的无色晶体——$C_{15}H_{22}O_5$。后来我们将其命名为“青蒿素”。

青蒿素的发现，是我们研究进展的第一步。我们随即转向第二步：将这个天然分子变为药物。

在这个过程中，我们发现生长在北方的青蒿的青蒿素含量比较低，而药物生产需要青蒿素含量高的青蒿，“523”项目的大团队成员在四川找到了含量高的青蒿。

1973 年秋，我们在海南疟疾疫区试用青素胶，取得了明确的疗效。这样，我们终于打开了开发新抗疟药物的大门。

影响世界

在中国科学院生物物理研究所等单位的协作下,我们确定了青蒿素分子的立体结构,1977 年在《科学通报》发表,并迅速被《化学文摘》收录。1979 年,国家科学技术委员会授予我们"国家发明奖",表彰青蒿素的发现。

1981 年,联合国开发计划署、世界银行以及世界卫生组织赞助的疟疾化疗科学工作组第四次会议在北京召开。在这个会议上,我国关于青蒿素及其抗疟性的几个报告引起热烈反响。作为这个会议的第一个发言人,我作了题为《青蒿素的化学研究》的报告,随后这一报告在 1982 年公开发表。青蒿素的发现及其疗效开始引起世界关注。1986 年,青蒿素成为我国新药审批办法实施以来的第一个一类新药。

发展与超越

青蒿素与以往的抗疟药物相比,在化学结构和作用特点上有明显的差异。我们在研究评价的时候发现,比之青蒿素,双氢青蒿素①的疗效提高近十倍。更重要的是,用双氢青蒿素治疗的病人复发率很低。在分子中引入羟基,也给发展新的青蒿素衍生物创造了更多的机会。

我们团队后来将双氢青蒿素发展成新的药物。在过去十年,我们也尝试用青蒿素和双氢青蒿素治疗其他的疾病。《青蒿及青蒿素类药物》一书于 2009 年出版,这本书记录了青蒿素发现的历史及我们在研究进程中所学到的知识。

2002 年,世界卫生组织推荐采用青蒿素作为一线药物治疗疟疾,如今,青蒿素联合疗法在全世界广泛应用,这一疗法极大地减轻了疟疾的症状,拯救了许多人的生命,特别是非洲孩子们的生命。

中医药学的贡献

青蒿素是中医药学给予人类的一份珍贵礼物。和植物化学的其他发现在药物开发中的应用相比,从青蒿提取物到青蒿素的研发历程相当快速,然而,这绝不是中医药智慧的唯一果实。中国的基础和临床研究还发现,具有悠久应用历史的中药砒霜②,用于治疗白血病颇具疗效,已经成为治疗白血病的重要选择。对治疗失忆有效的石杉碱甲③,也是从中草药"千层塔"中提取的,是我国用于治疗老年性精神障碍的一种临床用药。

然而,单一药物治疗某一特定疾病的现象在中医实践中非常少见,复方用药才是中医几千年来的主要用药形式。通常,中医师按中医理论和方法诊断病人症候,对症开出由多种中药按君臣佐使④组成的处方并随着病情的发展和症候的变化,随时调整处方的药味和

---

① 双氢青蒿素,青蒿素的一种衍生物。

② 砒霜,即三氧化二砷,常为白色粉末,有剧毒。

③ 石杉碱甲,一种生物碱。

④ 君臣佐使,中药方剂组成配伍的比拟词。

剂量，以达到良好的疗效。这样的辨证施治疗法和有效方药的积累对中华民族的繁衍昌盛做出了积极贡献。我们从中药青蒿研发出抗疟药物青蒿素，仅是发掘中医药宝库的努力之一。

心血管疾病的治疗也受益于中医药学。中医的一个治则是活血化瘀，这一治则也适用于冠心病的术后维护。中药提取的芍药苷①等被用于防止经皮冠状动脉介入治疗后的血管再狭窄，临床显示再狭窄率大幅降低，还有许多其他证据支持中医活血化瘀的临床疗效。

和心脑血管疾病相关的一个新领域也正在发展，即所谓的生物力药理学，旨在将中药的药效和血流的生物力学影响相结合，用于防病治病。实验研究表明，保健运动可提高血流剪应力，再联合使用某些活血中药，可以减少动脉粥样硬化的形成。

这里所举中医药对人类健康的贡献，不过沧海一粟。我的梦想是：在同威胁人类健康与生命的疾病的斗争中，中医药学进一步发挥威力，为维护世界人民的健康与福祉做出新贡献！

4.2 针灸：神奇的针②

在最负盛名的中国医术中，有一种“神针”之术，即针灸。这种医术历史悠久，最早或起源于公元前 2000 年。有证据显示，针灸始于石器时代，当时一种名为“砭”的石器被用来按压身体部位。

随着针灸的发展，简单的砭被石针替代。最终金属针开始出现并取代了石针。这些实心的针由不同的金属制成，如金和银。如今一些针灸师仍在使用金针或银针，但多数医师已经改用不锈钢针了。除了材质变化，针的形状也在逐渐改变。起初有九种不同类型的针，形状各不相同。现在针灸中仍在使用的是又尖又细、长度一般在 15～75 毫米的针，而大部分其他类型的针都被更复杂的医疗器械取代了。

那么，去针灸诊所诊疗时会发生什么呢？首先，针灸师会对患者做一番检查，看一下患者的皮肤和舌头，听听讲话和呼吸的声音，再闻一下患者呼出的气息。接着，针灸师会就患者的身体状况问一些问题，然后搭脉。根据针灸背后的能量理论，搭脉这项步骤是尤为重要的。针灸师能够在每个手腕的三个部位检查脉象，每一处都对应身体的一个主要器官。检查过所有的部位后，针灸师便能知道哪条经络的能量比较弱。

根据诊断结果，针灸师随后会在患者身上选定一些针灸的点，这些点称作穴位。针从穴位推入皮肤，从而治疗一项疾病。目前为止已有 360 多个穴位被确认，每个穴位对应着身体的不同部位。下针的穴位有时在患病部位附近，有时又并不靠近。

多年来，针灸被用来治疗各种各样的健康问题，包括剧烈疼痛、血压问题、肠胃不适、

---

① 芍药苷，一种糖苷类化合物。

② 引自中学《英语》高中选择性必修二 Unit 3 Fit for Life《针灸：神奇的针》(译林出版社，2019 版)。

运动损伤和体重问题等。它不仅适用于治疗身体疾患,针灸师们发现这种疗法对治疗抑郁、焦虑等心理问题也有效果。此外,针灸也用来治疗嗜酒、嗜烟、嗜毒人群。

针灸究竟是怎样产生疗效的,这个问题尚不清楚。例如,有几种不同的理论试图解释针灸如何缓解疼痛,但至今仍然莫衷一是。一种理论认为,这种现象源于针灸阻断了痛感信号向大脑的传导。另一种理论认为,针灸促使身体产生了某种有镇痛作用的物质。

尽管其医学基础尚不明确,针灸已然成为一种广受欢迎的疗法。作为传统中医的一项独特贡献,针灸传播到了亚洲的许多其他国家,最早在公元6世纪便已传入日本。公元16世纪左右,针灸又传到了西方。2010年,针灸被列入联合国教科文组织非物质文化遗产名录。如今,针灸已成为中国传统文化的一个符号,并且在世界各地得到广泛应用。世界卫生组织将针灸推荐为百余种健康问题的良好疗法。关于其安全性的种种疑虑逐渐消失,人们对它的兴趣正与日俱增。

5 跨文化访谈

5.1 访谈对象情况简介

访谈对象: Seamus

国家/地区:非洲

访谈语言:中文

5.2 访谈内容

采访者:老师您好,我知道您来自非洲。请问疟疾在非洲普遍吗?您对疟疾有什么了解?

Seamus:疟疾是在非洲较为普遍的疾病,主要发生在尼日利亚、刚果(金)、乌干达和莫桑比克。疟疾主要的传播方式是蚊虫叮咬,且在前期的表现是轻微的。以前疟疾的致死率非常高,但现在在非洲,基本都可以忽略疟疾的存在了。

采访者:哦,真的吗?是什么使得非洲疟疾的致死率大大降低?

Seamus:可以这么说,对于99%的人来说,疟疾是有特效药的,是完全可以治疗的。在过去,主要是依靠法国的奎宁(口服或输液)来治疗,现在主要依靠来自中国的青蒿素。青蒿素的功效非常强大,我知道这是由屠呦呦发现的,她获得了诺贝尔医学奖,她对治疗疟疾有着重大贡献。

采访者:是的,屠呦呦创制出了新型抗疟药青蒿素和双氢青蒿素,挽救了全球特别是发展中国家数百万人的生命。您对青蒿素还有什么了解吗?您知道它是属于中药吗?

(中药即以中国传统医药理论指导临床应用的药物)

Seamus:我来中国任教很多年了,我知道中药的存在。但我对它的了解并不多,我知道它与西药不同。青蒿素是从一种植物里提取出来的,奎宁也是从植物里提取出来的。

采访者:是的,青蒿素就是从青蒿里提取出来的。您知道屠呦呦是怎么发现青蒿素有治疗疟疾的功效的吗?

Seamus:哈哈,这我不知道。通过实验吗?

采访者:其实,是屠呦呦从中国古代书籍《肘后备急方》中发现,中国古人用青蒿来治疗疟疾。基于此,屠呦呦又融合了现代技术,最终提取出了青蒿素。

Seamus:Amazing!中国古人很有智慧,看来我们能从古代人那里学到不少。

采访者:是的。其实,中国还有不少药学经典,比如《本草纲目》,它是由非常著名的明朝医药学家李时珍编著的,详细记录了1800多种中医药草。可以说,中医药是个巨大的宝库。

Seamus:的确,我也经常阅读到一些与中医药有关的新闻,它在世界上的一些主流媒体出现的频率越来越高,中医和西医都在医学界扮演着重要角色。

采访者:我很开心听到这个消息,因为在新冠疫情期间,中医药起了重要作用,但却遭到西方一些国家的歪曲和误解。我作为一名中国人,我希望外国人能对中药有更深的、正确的了解;同时,作为一名世界公民,我也真正希望中药能得到更广泛的应用,能在疾病治疗方面发挥更大的作用。

Seamus:这的确有很长的路要走。刚刚我也提到了,我虽然来中国几年了,但我却没使用过中药,在我生病的时候,我可能还是会更信赖西药。

采访者:是的,这种现象与中药的普及性、宣传度、药效等方面有关。其实,相较于西药,中药更侧重于调理、养生,这与外国的治疗理念有些许不同。您或许可以尝试下艾灸、拔罐这些,或者尝试一些滋养身体的中医调理药,我想您会打开新世界的大门。

Seamus:拔罐?这我知道,我看到过一些外国运动员来中国后就会拔罐,他们身后有很多印子。但我觉得有些不安全,用火在背上烧,有些吓人。

采访人:哈哈哈,并不是这样的,去正规的场所,拔罐并不会有危险。

Seamus:好的,或许某天我会去试试。

采访者:那今天的采访就到这里结束了,感谢您的回答。

第十三单元

中国教育体系

1 文化符号:体系图

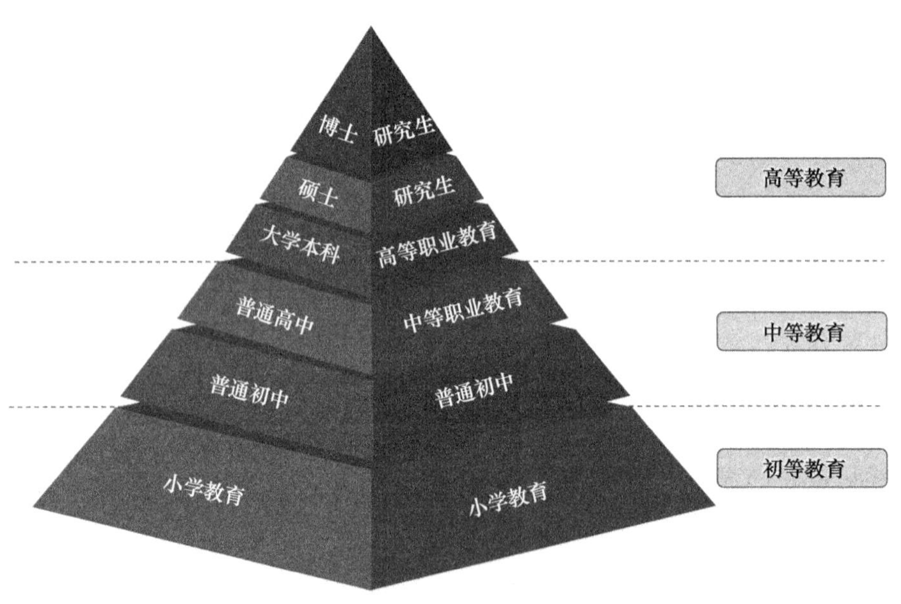

中国教育体系塔图

从上面的中国教育体系塔图可以看出,中国教育体系主要分为初等教育、中等教育和高等教育三个阶段。其中,初等教育主要指小学阶段,中等教育包括初中和高中,小学和初中属于国家九年制义务教育阶段。高等教育包括大学教育、研究生教育,高中学生通过高考可以进入大学教育,再根据自身选择通过考试进入硕士和博士阶段继续深造。

中国教育体系的相关视频

中国特殊教育

https://www.chinadaily.com.cn/a/202210/28/WS635b44d0a310fd2b29e7f115.html

【活动】

Q1：在你的国家，教育体系是什么样的？

Q2：你对中国的教育体系了解多少？

2　文化隐喻

2.1　高考代表的精神是中国竞争力的一部分[①]

从6月7日开始，全国将进入高考时间。今年[②]全国高考报名人数1342万人，比去年增加51万人，部分省份迎来“考生最多的一年”。为保障好高考考生，全国上下做了大量细致周到的安排，包括加强出行、食宿、医疗卫生、噪音治理等，尽可能为考生提供便利。当考生们走向考场的时候，全社会投入很大的资源和精力把他们“送到站”，这在中国体现着一种有着自身传统和道义根基的人文关怀。

高考是个人奋斗的关键节点，也是为国选士的重要一环。在科技发展日新月异、国际局势风云变幻的今天，以公平竞争、奋斗进取、为国立志等为代表的高考精神内涵，实际上已构成中国竞争力不可或缺的一部分。

高考坚持的公平竞争原则，是国家竞争力的制度性保障。高考制度实施至今，也曾经历多次改革，但始终没变的宗旨是公平竞争，不断优化的规则是为了更合理的公平竞争。公平竞争是一座灯塔，为无数学子点亮成功的梦想；它也是一把让人信服的尺子，为国家建设“测量”出优秀的人才。高考考生的增多、高考蓄水池的扩大，证明了这一制度在中国社会的广泛认可度，也体现了它对促进全民素质提高的积极作用。

高考不仅从制度上有力保障了人才选拔的公平性，也成为中国社会的信誉基石之一，是构成中国竞争力的重要底气。高考让世界看到，中国梦的基础扎实，来自于无数中国普通年轻人奋斗目标的可实现性；而中国实现高质量发展的动力也由此变得更加充沛，它植根于一种有效的公平制度带给民众的安心和信心，以及为社会良性发展提供的持续动力。

高考需要的奋斗进取精神，是国家竞争力提升的引擎。高考树立了一种以奋斗进取为荣的价值观，它是千百年来形成的中国社会价值体系的缩影。这种价值观的提倡在当

① 环球时报社．高考代表的精神是中国竞争力的一部分[N/OL]．环球时报，2024-06-07(社评)．

② 指2024年(编者注)。

前显得尤为必要。在经济发展走过高速增长的阶段,国际格局和世界秩序处于加速重塑之时,我们又来到了一个关键时刻。通过一步一个脚印的努力开创更加美好的未来,这是1300多万高考考生和他们背后家庭的平凡追求,又何尝不是中国社会几十年来的不平凡成就的底色。显然,奋斗进取的精神并不仅仅是高考考生的专利。

高考鼓励为国立志的理想,是国家竞争力进阶的希望。从这几年的情况看,国家发展优势产业、重点产业方面的战略,越来越多地向高校延伸部署,鼓励着考生们为国立志的理想。例如,多家中国知名高科技企业与一些重点高校相关专业之间建立起长期合作关系,为尖端人才培养设置"快车道"。今天坐在考场里的这批考生,明天也许就是中国在新能源、芯片、人工智能等高新技术领域的栋梁,他们将承担起中国国家竞争力进阶的重任。

关 键 词

【**高考**】全称为普通高等学校招生全国统一考试,是中国高中生进入大学的主要选拔方式。

2.2 状元

"状元"一词始于唐代,为科举时代的一种称号。依唐制,凡举人赴京应礼部试者皆须投状报到,其居首者被称作"状头",又名"状元"(元就是第一的意思)。殿试一甲第一名,称作"状元"。中状元者号为"大魁天下",亦称"状元及第",为科名中最高荣誉。所以,状元指的就是古代科举的殿试第一名。

"状元",一个让人激动人心的字眼;"状元",代言了成功和优秀,高中状元,金榜题名,是封建社会众多读书人的梦想。时至如今,说到"状元",依旧令人怦然心动,只因"状元"是个美好的字眼、美好的称誉,寄托了人们美好的心愿。

"状元文化"的价值内核具有跨越历史、穿越时空的永恒魅力。与其他民族文化一样,"状元文化"也是国粹,理应光大,甚至可以申遗。"状元文化"的现实教育价值显而易见,是中国教育文化的重要组成部分,是"成功教育"的宝贵资源。

历经时代变迁,"状元文化"的影响力并未减退。现在,好多地方都留有"状元坊"遗迹,有的还专门斥资修葺或复原历史上的状元牌坊和相关遗迹,许多地方都成功打造出了状元街、状元公园、状元广场、状元村、状元路、状元文化博物馆等地方"名片";耳熟能详的有状元红、状元笔、状元糕、状元楼、状元宴、"金榜文化节"等品牌和活动;还有以政府名义举行的"百业状元"表彰大会,等等,这些现象都反映了官方或民间积极的"状元文化"心态,反映了"状元文化"依然具有强大的生命力,它无时无刻不在有形或无形地影响着人们的价值取向。

"状元"情结深入人心,不能也很难强行消灭。传统文化不仅仅是产生于过去并已沉积的历史文化,还是一种连接过去、现在和未来的生命之流。尽管社会的发展是一个不断打破传统的过程,但并不等于说不需要从传统中汲取优秀和合理的成分,那些符合时代精神和社会发展的传统,应当继承并发扬光大。中国人的血液和心灵里都有着中国传统文化的成分和营养。无论官方还是民间,用"状元"说事,折射的都是那种沉淀在中国人血液里的文化情结。文化是一种"记忆",是民族的记忆,也是民间的记忆,对"状元"这个特定历史产物的尊重,就是对先哲圣贤的尊崇,就是对历史文化的敬重,就是对中华民族优秀精神遗产的坚守和弘扬①②。

关　键　词

【**状元**】指中国古代国家统一考试中考取第一名的人。

【**金榜题名**】指在考试或选拔中取得优异成绩,获得荣誉和名望。

3　文化知识

3.1　中国教育体系

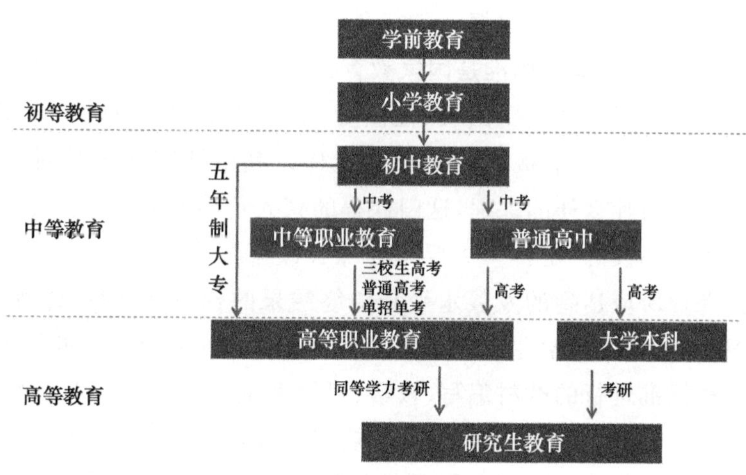

中国教育体系结构图

中国的教育体系是一个庞大而复杂的系统,涵盖了学前教育、基础教育、高等教育等多个阶段。旨在培养具备全面素质和创新能力的人才,以满足国家发展和社会进步的需求。其中,学前教育主要包括幼儿园阶段,为儿童提供早期教育和照顾,促进其身心健康发展。基础教育包括小学教育、初中教育和高中教育。小学教育通常为六年制,为学生提

① 潘春华.闲说我国古代状元文化[J].钟山风雨,2020(5):52-54.

② 张映春."状元文化"的现实教育价值——以江苏省溧水县第二实验小学为例[J].亚太教育,2014(1):51-55.

供基本的知识和技能培养,以及初步的道德教育和价值观塑造。初中教育通常为三年制,进一步巩固和扩展学生的基础知识,培养学生的自主学习能力和批判性思维。高中教育通常为三年制,分为普通高中和职业高中。普通高中主要提供学术性课程,为大学升学做准备;职业高中则注重职业技能培训,为就业市场输送技术型人才。高等教育指大学及以上阶段教育,大学分为专科和本科,专科通常为三年制,大学本科通常为四年制,提供系统的专业知识和实践技能培训,培养学生的独立思考和创新能力。研究生教育包括硕士研究生和博士研究生阶段,为学生提供高级研究和学术探索的机会。

关 键 词

【基础教育】包括小学教育、初中教育和高中教育。

3.2 国家课程标准[①②]

《义务教育课程方案(2022年版)》指出:“国家课程标准规定课程性质、课程理念、课程目标、课程内容、学业质量和课程实施等,是教材编写、教学、考试评价以及课程实施管理的直接依据。”这句话包含三层意思。第一,强调课程标准的属性。课程标准体现的是国家意志,是国家教育意志在课程层面的体现,不是参与研制和修订的专家的个人学术见解和主张。这是课程标准权威性的根据。各行各业都有国家标准,课程作为学校教育的核心,自然也得有国家标准。课程标准是国家教育标准的重要组成部分。第二,提示课程标准的文本构成。国家课程标准主要由“课程性质、课程理念、课程目标、课程内容、学业质量和课程实施”等组成,这六个板块是标准的主体。其中课程性质是对一门课程的“定性”,主要回答这是一门什么样的课程,这门课程的育人价值和教育意义是什么;课程理念是对本次课程改革和建设的“定位”,主要阐述课程改革的立场、方向和观点;课程目标是对学生学习这门课程所应达到的发展水平和最终结果的预设和期待;课程内容是这门课程所规定的学习范围和对象;学业质量是学生在学完阶段性内容之后的学业成就表现;课程实施是根据课程标准进行的教材编写、教学、评价考试等活动。这六个板块相对完整地阐述了一门课程的主要教育教学问题。第三,规定课程标准的作用。所有标准都具有“准绳”“尺子”的规范、依据作用,课程标准“是教材编写、教学、考试评价以及课程实施管理的直接依据”。所谓直接依据也就是刚性的要求,国家和学校组织的一切有关课程的活动都必须基于课程标准,教科书必须依据标准编写,教学必须依据标准展开,考试评价必须依据标准命制试题。课程标准是带有法的性质的课程活动纲领、准则,或者说是一门具有法律法规性质的实践性的“教育学”。课程标准是基础教育改革的第一依据、第一推动力。我国二十年来基础教育改革的实质性进展都是源于课程标准的

① 余文森,龙安邦. 论义务教育新课程标准的教育学意义[J]. 课程·教材·教法,2022,42(6):4-13.

② 中华人民共和国教育部. 义务教育课程方案(2022年版)[S]. 北京:北京师范大学出版社,2022.

研制和修订。

义务教育课程标准以立德树人根本任务为指引，以核心素养（人的全面发展）为导向，旗帜鲜明地把课程从学科立场转向教育立场，以人的发展特别是核心素养的形成为宗旨重建课程标准的方方面面。人的问题和教育的问题是课程标准的首要问题。可以说，课程标准是从课程视角具体、真实回答教育学的核心命题，即“培养什么人、怎么培养人”（培养学生什么素养，用什么内容、通过什么路径进行培养）的问题。新课程标准涵盖内容、活动、质量三个维度，用一个公式表示就是：课程标准＝知识内容标准＋教学活动标准＋学业质量标准。这是一个在形式和结构上相对完整的标准。从学习的角度来说，课程标准完整地回答了学习的三个重要问题：学什么、怎么学、学得怎样（学会什么）。

关　键　词

【国家课程标准】国家课程标准规定课程性质、课程理念、课程目标、课程内容、学业质量和课程实施等，是教材编写、教学、考试评价以及课程实施管理的直接依据。

4　教材里的故事

中国古代官员的选拔制度①②

隋唐时期将科举制作为官员选拔的新制度。科举以分科考试选拔人才为特点，分为制举和常举。制举是皇帝自设科目考试选人；常举每年举行，科目有秀才、明经、进士等几十种，其中明经和进士两科最受社会重视。考试合格只是取得为官的资格，还需吏部铨选后方可正式任官。科举制使出身社会中下层的读书人通过相对公平的考试参与政权，扩大了统治的基础，提高了官员的文化素质。

两宋科举制度进一步发展完善，“取士不问家世”，科举成为官员选拔的主要途径。科举制使官员选拔变得更加公开和公平，中国古代选官制度逐渐走向成熟完善。

明清科举制仍是选官的主要途径，考核与监察制度也更趋严密。明清科举考试分为乡试、会试与殿试三级。参加考试的主要是国子监和府、州、县学的学生。考试从四书五经中命题。乡试每三年在各省省城举行，考中者称为举人。会试由礼部主持，于乡试次年春天举行，考中者称为贡士。殿试在会试后举行，由皇帝主持，通过者为进士。进士分三甲：一甲三名分别为状元、榜眼、探花，赐进士及第；二甲、三甲均取若干名，分别赐进士出身和同进士出身。

---

① 引自中学《历史》高中选择性必修1第5课《中国古代官员的选拔与管理》（人民教育出版社，2023版）。

② 引自中学《历史》高中必修《中外历史纲要（上）》第7课《隋唐制度的变化与创新》（人民教育出版社，2019版）。

5 跨文化访谈

5.1 访谈对象情况简介

访谈对象: Stephanie(黄燕妮)

国家/地区:印度尼西亚

访谈语言:中文

5.1 访谈内容

采访者:在当代中国,我们实行九年义务教育制度,即 6～15 岁的孩子必须上学。15 岁以后我们可以选择考普通高中或者职业学校。

黄燕妮:我们国家没有这样的法律,但是大部分家长会选择让孩子上学。

采访者:我们上高中时一共要学习 9 门课,高考时除了必须考的语文、数学、英语三门课,需要在历史、物理、化学、地理、政治、生物中选择三门进行考试。到了大学我们可以在一定范围内选择自己喜欢的专业。

黄燕妮:在我们国家,学生上高中时就可以选择自己喜欢的专业,到了大学可选择的专业会更加广泛。我们的大学入学考试只需要考母语、数学和外语。我们可以选择先工作一段时间再去大学深造。

采访者:我们不能先工作再上大学,但是我们可以先工作再读研究生。中国人普遍对学历非常重视。

黄燕妮:我们国家的研究生很少,大部分人更愿意去工作赚钱。

采访者:来到中国上学后,你对中国的考试有什么感受吗?

黄燕妮:我觉得中国的考试很难,因为我们国家的考试可以完全在书上找到答案,但是中国的考试没有标准答案,很多是在问我们的想法。

第十四单元

中国水稻

1　文化符号:《悯农》

悯农——唐·李绅

锄禾日当午，汗滴禾下土。
谁知盘中餐，粒粒皆辛苦。

《悯农》是中国古代著名诗人李绅创作的一首抒发对农民艰辛生活的感慨和慰藉的诗篇。这首诗通过描绘农民的辛勤劳作和贫困生活，表达了诗人对农民辛苦生活的同情和关怀，同时也反映出当时封建社会的种种弊端和不足之处[①]。

在《悯农》中，李绅以朴实深沉的语言描绘了农民一年四季的劳作场景和经营农田的艰辛。诗中反映了农民在自然灾害和生活压力下的坚韧与苦楚，以及他们对丰收的渴望

① 佚名．农民是社会的脊梁——李绅的《悯农》对当代社会的启示[Z]．百度百家号:历史谁是谁非，2023-04-10.

和对生活的热爱。诗人通过细腻的描写和真挚的情感,唤起了读者对农民的尊重和同情之心。

李绅的《悯农》不仅是一首感人肺腑的田园诗篇,反映了封建社会中人民生活的贫困落后和社会阶层的不公现象,更是表达了诗人对社会弱势群体的关怀和呼吁。在诗中,他用"春种一粒粟,秋收万颗子"来形容农民无尽的辛劳和汗水,同时也表现出对农民辛勤劳动所获得的微薄回报的不满和愤慨。诗中的真挚情感和人文关怀超越了时空的界限,使这首古诗成为中国文学史上不朽的经典之作,激励人们关注农民的生存现状,珍惜粮食,关爱农民,传承农耕文明。

大米是中国大部分地区人民的主要食品,人们需要通过种植水稻而获得大米。水稻是人类重要的粮食作物之一,耕种与食用的历史都相当悠久。

中国水稻相关视频

1. 童声唱《悯农》

https://tv.cctv.cn/2023/08/21/VIDE8GgN8IaIkFZkJb2QdGxr230821.shtml

2. 梯田

https://www.chinadaily.com.cn/a/202208/11/WS62f464aba310fd2b29e719d5.html

【活动】

Q1:你知道水稻如何处理才能得到大米吗?

Q2:你知道水稻需要生长在什么样的环境里吗?你的国家/家乡适合种植水稻吗?

2 文化隐喻:袁隆平与杂交水稻

"稻米,在汉语中,不只是一个名称,在'高产水稻之父'袁隆平看来,这个词的重要含义只有一个:生命。"

饥饿,从来不是一个遥远的话题,半个多世纪前的中国同样面临着饥饿的困扰。袁隆平就是这场饥荒的亲历者,他曾言:"一粒粮食能够救一个国家,也可以绊倒一个国家。"基于这样的信念,他毅然决定从事国家最迫切需要的粮食育种工作——杂交水稻。

在那个资金匮乏、技术设备落后的时代,袁隆平和助手们几十年如一日地驻守在稻田里,在茫茫稻田中重复着一场又一场的试验。1973 年,他的杂交水稻试种终于取得了成功,比常规稻增产了约 20%。这一历史性突破开启了杂交水稻的新时代。从 1976 年到 1987 年,中国杂交水稻累计增产 1 亿吨以上,每年增产的稻谷足以养活 6000 多万人。

20 世纪 90 年代,美国学者莱斯特·布朗曾向全世界提问:"谁来养活中国。"在此背景下,我国提出了超级稻育种计划,袁隆平领衔的科研团队接连攻破水稻超高产育种难题:超级稻亩产 700 千克、800 千克、900 千克、1000 千克和 1100 千克的五期目标相继完成。2006年1月1日，联合国停止了对华粮食援助，同年，中国成为世界第三大粮食捐助方，仅次于美国和欧盟。我国以占世界9%的耕地、6%的淡水资源，养育了世界近五分之一的人口，从当年4亿人吃不饱到今天14亿多人吃得好，该数据有力地回答了“谁来养活中国”。

袁隆平的成就不仅影响了中国，也影响着整个世界。杂交水稻的推广在世界范围内保障了粮食增产和粮食安全，为人类消除饥饿的事业做出了杰出贡献。1979年，杂交水稻作为我国出口的第一项农业科研成果转让给美国，拉开了杂交水稻国际化的序幕。20世纪90年代初，联合国粮农组织已经将推广杂交水稻列为解决发展中国家粮食短缺问题的战略措施。大米是马达加斯加人民的主食。良好的气候和地理条件使马达加斯加拥有大规模发展水稻种植业的优势。然而受稻种质量不高、种植技术落后等影响，马达加斯加水稻平均产量仅为每公顷2.5吨至3.5吨。2007年，中国专家将杂交水稻技术、农业生产管理经验同马达加斯加国情相结合，开发出了一套适合在当地推行的杂交水稻高产栽培技术，使得最高产量达到每公顷11.9吨。产量高、稳定性好成为杂交水稻的名片。如今杂交水稻还登上了马达加斯加面额最大的纸钞，中国的杂交水稻也成为当地人口中的“擦拉贝”(最好的东西)。

马达加斯加的纸币

从亚洲到美洲，再到非洲、欧洲，袁隆平团队将杂交水稻种子播撒到世界各地，让更多的国家实现粮食增产，让更多的人吃饱饭。杂交水稻被冠以“东方魔稻”“巨人稻”“瀑布稻”等美称，甚至将之与中国古代四大发明相媲美。

袁隆平曾说自己有两个梦想，一个是禾下乘凉梦，另一个是杂交水稻覆盖全球梦。中国人不仅端稳中国饭碗，解决中国人的吃饭问题，更胸怀世界，用中国的农业技术解决世界人民的吃饭问题。以袁隆平为代表的中国科学家群体，从未停止探索的脚步，书写中国杂交水稻半个世纪的辉煌和传奇。

2021年5月22日，杂交水稻之父袁隆平院士逝世，他一辈子兢兢业业，无私奉献，把这一生浸在稻田里，把功勋写在大地上。如今，他在人间播完种子，燃尽了所有的力量，现在，他要去天上洒甘霖了。

关 键 词

【杂交水稻】指一种由两个基因型不同的亲本品种繁育而成的稻种，通常具有产量更高、质量更高和对病虫害的抗性提高等特性。

3 文化知识：稻米人[①]

中国人稻携手相伴上百个世纪，稻作文化对我们的浸染早已深入骨髓，塑造了我们独特的民族精神。许多人注意到主食不同，民性也不同。比如，西方人吃肉，造就了喜欢冒险、进取和争斗的性格；中国人吃米，潜移默化出安土重迁、相对保守和内敛的性格。

前几年，又有美国的社会心理学家抛出了一个“稻米人”理论，用来说明南、北方中国人的性格差异。该学者发现南方稻作省份的人群更倾向于整体性思维，而且更倾向于相互依赖和集体主义，人际交往中会尽量避免与人冲突，带点拘谨和含蓄；而种麦为主的北方省份，则倾向于分析性思维和个体主义，性情上更加外向和直率。

稻作民族的民族性是个大题目。从嗑瓜子谈起吧，丰子恺说中国人都是“吃瓜子博士”，我们何以对如此小的瓜子仁都不放过？虽说农耕民族天然对破壳取仁兴致盎然，但如果缺了要回收一切资源的意志，恐怕就不会发明这一样零食。中国传统农业社区里没有“垃圾”这一说，现代城市社会避之唯恐不及的落叶、粪便对稻农来说都是宝，即便田里的杂草也是有用的，只是认为它们长错了地方而已，我们难以容忍一切资源的闲置。就资源利用的充分程度而言，很少有民族能跟我们相媲美。

受稻作环境的影响，中国人争取出人头地的方式有自己的特点，这种竞争一方面很激烈，另一方面却还能保持关系，我们追求斗而不破的境界，不喜武力而尚智取。拿现代球类竞技来说，我们不太擅长足球、篮球，却以乒乓球和羽毛球雄霸世界。人稠地狭的稻作区如果有篮球场大小的一块空地，会优先用作晒谷场或养鱼池，而要专门辟出足球场那么大的一块地来踢球是不可想象的。但小球项目占地少，还有张网隔开对战双方，能扬技巧之长而避体能之短，这才受到群众欢迎。

作为农耕民族的中国人看重眼前的现实，人口过载的稻作区更讲求实用。奉行实用太过头，的确使得我们民族较为封闭保守，但殊不知有一个领域，农人的实用促成了高度的开放。农夫们在引进新奇农作物方面毫无禁忌，有用就立马拿来种。美国人类学家劳费尔很感慨：“中国有一独特之处：宇宙间一切有用的植物，在那里都有栽培。”鉴于此，他

① 王宇丰．水稻的故事[M]．济南：泰山出版社，2022.

称赞“中国人是熟思、通达事理、心胸开阔的民族，向来乐于接受外人所能提供的好事物”。

区区数言，岂能道尽稻米人及其文化？但我们已感知到，粮作品种与民族文化之间存在着高度对应且密不可分的关系，稻米早已成为南方人民的身份标签和情感依归。正应了美国人类学家明茨的一句话：“我们吃什么食物在很大程度上揭示了我们是什么人。”简而言之就是人如其食。

关 键 词

【稻米人】指由美国的社会心理学家提出的理论，用来说明南、北方中国人的性格差异。

4 教材里的故事

4.1 造福全人类的开拓者[①]

被誉为“杂交水稻之父”的袁隆平是中国最著名的科学家之一。然而，他把自己看作是一位农民，因为在研究过程中他不断耕耘土地。确实，他瘦削但结实的身躯，与其为之奉献毕生的千千万万的中国农民无异。

袁隆平 1930 年出生于北京。他的父母希望他从事科学或医学职业，然而，他最关心的是农民经常粮食歉收，有时甚至出现严重的食物短缺。为了应对这一危机，他选择学习农业，在位于重庆的西南农学院接受教育。

1953 年大学毕业后，他成为一名科研人员。袁隆平意识到，解决问题的办法并不是扩大农田面积，而是农民们需要提高他们已有土地上农作物的产量。如何实现这一目标成为当时一个颇具挑战性的问题。袁隆平确信，答案可以在杂交水稻的培育中找到。杂交指的是两个或者两个以上品种的交叉。杂交作物的一个特点就是它们通常能获得比传统作物更高的产量。然而，是否可能开发出水稻等自花授粉作物的杂交品种，仍众说纷纭。当时普遍认为这是不可能实现的。历经千辛万苦，袁隆平攻克了艰巨的技术难题，在 1974 年开发出了可用于耕作的第一代杂交水稻。这种杂交水稻极大地提高了产量。

据估算，现在中国国内消费的稻米有大约 60％来自袁隆平的杂交水稻品种形成的作物，这些品种(形成的作物)让中国农民每年能够生产出大约两亿吨稻米。袁隆平的创新不仅养活了中国，也养活了以稻米为主食的许多其他国家，如印度和越南。袁隆平凭其不可估量的贡献，在国内外获奖无数。

---

① 引自中学《英语》高中选择性必修第一册 Unit 5 Reading and Thinking《造福全人类的开拓者》(人民教育出版社，2020 版)。

鉴于袁隆平开发杂交水稻而变得相当富有,有人会认为他会退休享受悠闲的生活。但是,事实远非如此。实际上,袁隆平在内心深处仍然是一位农民。身为土地之子,他不在乎名利,反而捐赠巨资支持农业研究。

袁隆平给人们印象最深的是他不断实现梦想的能力。很早以前,他就设想水稻长得与高粱一样高,每支稻穗与扫帚一样大,每粒稻米与花生一样饱满。他成功培育出能够养活更多人的水稻品种,甚至出口海外,他新近的"海水稻"愿景也已经成为现实,有望在中国开辟近100万平方千米的盐碱地用于水稻生产。袁隆平虽年事已高,但仍然保持年轻的心态,而且满怀憧憬,大家都在期待他的下一个不同寻常的想法。

4.2 喜看稻菽千重浪——记首届国家最高科技奖获得者袁隆平

曾记否,到中流击水

2001年春节过后的第二天,湖南长沙马坡岭笼罩在薄雾之中,空中不时飘下雨点。袁隆平眯起双眼,出神地打量着这几百亩[①]试验田,然后跨过水渠,迈步走进田间。他蹲下身子翻看着土壤。

我跟随在他身后不禁产生了瞬间的错觉:这难道就是几天后就要赴京,领取由国家主席亲自签署、颁发的国家最高科技奖的科学家吗?他看上去更像一个地道的湖南农民,这使我想起了农民送给他的"泥腿子专家""泥腿子院士"的称谓。

挽起裤腿走下稻田,是人们从播种到收获季节见到的袁隆平最标准的"形象"。人们常提出的一个疑问是:中国的稻田里如何走出了袁隆平这样一位世界级的农业科学家?

中国在现在和将来相当长的岁月里,都是一个农业大国,"民以食为天"的说法自古流传。到了当代,农民出身的毛泽东说,世界上什么事情最大,吃饭的事情最大。

二十世纪五六十年代我国普遍发生的饥馑给袁隆平留下了刻骨铭心的印象。那时在湖南一所偏僻山村农校——湘西雪峰山麓的安江农校任教的青年袁隆平便下定决心,拼尽毕生精力用农业科技战胜饥饿。他在1961年发现"天然杂交稻株"的往事,注定要成为世界农业史上的经典事例。

那是1961年7月的一天,下课铃声响过之后,袁隆平拍去身上的粉笔灰尘,掖着讲义夹,匆匆来到校园外的早稻试验田。采用常规法培育出来的早稻常规品种正在勾头散籽,呈现一派丰收景象。

袁隆平把讲义夹放在田埂上,走下稻田一行行地观察起来。突然,他那敏锐的目光停留在一蔸形态特异、鹤立鸡群的水稻植株上。他屏气静神地伸出双手,欣喜地抚摸着那可爱的稻穗,激动得几乎要喊出声来!

---

① 1亩≈666.67平方米。

这是一株奇特的稻禾，株形优异，穗大粒多，足有十余穗，每穗有壮谷一百六七十粒。袁隆平用布条扎上记号，从此格外精心地照顾这蔸稻禾。收获季节他得到了一把金灿灿的稻种。第二年春天，袁隆平把这些种子播种到试验田里，期待收获有希望的新一代稻种。可是当秧苗长高之后，袁隆平发现，它们高的高、矮的矮，成熟得也很不一致，迟的迟、早的早，没有哪一蔸的性状超过它们的前代。

一种失望的情绪掠过袁隆平心头，但是对孟德尔、摩尔根遗传学有着深入研究的袁隆平进而想到，从遗传学的分离律观点看，纯种水稻品种的第二代是不会有分离的，只有杂种第二代才会出现分离现象。今年它的后代既然发生分离，那么可以断定去年发现的性状优异稻株是一株“天然杂交稻”的杂种第一代。

他返回试验田对那些出现分离的稻株进行研究，高的、矮的、早熟、迟熟……一一做了详尽记录。经过反复统计计算，袁隆平证明，这次发现完全符合孟德尔的分离规律。

袁隆平的实践让他发现了真理：只要探索出其中规律，就一定能培育出人工杂交稻，也就一定能把这种优势应用到生产上，从而大幅度提高水稻的产量。

后面我们将看到，袁隆平对真理的发现，使他不可避免地要向国际知名的权威和他们的权威结论发起挑战，这种挑战之艰难往往使挑战者身心俱疲，落荒而去。

创新是科学家的灵魂和本质

有人说，袁隆平具有敢于挑战的勇气和信心。他在决定选择水稻杂种优势利用作为自己的攻关方向时，并不知道世界上已有美国、日本等国的科学家从事过研究，但没有成功。这无疑是一道世界难题。况且，他还得顶着研究水稻杂种优势利用是“对遗传学的无知”等权威学者的指责和压力。他根据自己的实践，以科学家的胆识和眼光断定杂交水稻研究具有光辉的前景，他决心义无反顾地坚持研究。

因为水稻是自花授粉作物，“自花授粉作物自交不退化，因而杂交无优势”的论断明白无误地写在美国著名遗传学家辛诺特和邓恩的经典著作、二十世纪五六十年代美国大学教科书《遗传学原理》中，由此有人嘲笑“提出杂交水稻课题是对遗传学的无知”。

在理论与事实发生矛盾时，袁隆平的态度是尊重权威但不崇拜权威，不能跟在权威后面亦步亦趋，不敢越雷池一步。他不迷信权威的每一个观点。他知道，自己直接观察到的一些事实表明水稻具有杂种优势，“无优势论”是没有试验依据的推论，这一推论与自交系的杂交优势现象相矛盾，袁隆平坚信搞杂交水稻研究有前途，勇敢地向“无优势论”这一传统观念挑战，从而拉开了我国水稻杂种优势利用的序幕。

袁隆平认为，水稻的杂种优势利用只有两条路可走：一条是进行人工去雄，如果用人工去雄杂交，就得一朵花一朵花进行，产生的种子数量极为有限，不可能在生产上推广应用；再一条路就是培育出一个雄蕊不育的“母稻”，即雄性不育系，然后用其他品种的花粉去给它授粉杂交，产生出用于生产的杂交种子。然而国内外都没有这一先例，甚至有著名学者断言这“不可能”。还有学者认为，像水稻这样一朵花只结一粒种子的“单颖果作物”，利用杂种优势必然制种困难，无法应用于生产。在独立开展杂交水稻研究很长时间之后，袁隆平才从国外资料中了解到，早在 1926 年，美国的琼斯就发现了水稻杂种优势现象。最早开展这项研究的是日本的科学家，时为 20 世纪 50 年代。此外，美国、国际水稻研究所的科学家也相继开始了这项研究。尽管实验手段先进，但都因这项研究难度确实太大，无法在生产中得到应用。

袁隆平不打算退却，他很清楚他拥有的有利条件是其他国家科学家少有的：进行这项研究，中国有中国的有利条件，中国是古老的农业国，又是最早种植水稻的国家之一，有众多的野生稻和栽培稻品种，蕴藏着丰富的种质资源；有辽阔的国土和充足的光温条件，海南岛是理想的天然温室、育种者的乐园；更重要的是我们有优越的社会主义制度，可以组织科研协作攻关；有党的正确领导，任何困难都可以组织力量克服。直到今天，袁隆平都对为攻克杂交水稻难关在全国 13 个省（区）的 18 个科研单位进行的科研大协作感慨不已，认为没有这样的大协作，杂交水稻研究绝不会取得今天这样世界瞩目的成果。

1964 年 7 月 5 日，“泥腿子专家”袁隆平又走进了安江农校的稻田，去寻找水稻的天然雄性不育株。他头顶烈日脚踩淤泥弯腰驼背去寻找这种天然雄性不育株，已是第 14 天了。突然他的目光停留在一株雄花不开裂、性状奇特的植株上，这正是退化了的雄蕊。他马上把这株洞庭早籼天然雄性不育株用布条标记。袁隆平欣喜异常，水稻雄性不育植株，终于找到了。

两年后，袁隆平的一篇论文《水稻雄性的不孕性》发表，它宣示了袁隆平培育杂交水稻的理论设想和实现途径，开创了水稻研究的新纪元。

事实是科学家的空气

科学家是真理的侍者，是事实的追随者。袁隆平坚信实践能发现事实、发现真理，并能验证真理。他对中国亿万农民怀有深厚的感情，在国家杂交水稻工程技术研究中心的稻田中，他一边甩去手上的泥巴，一边对我说，农民不富裕谈不上现代化，单产上不去农民就富不起来。现在我们试验田种的杂交稻每亩产 700 千克，农民种的亩产能达到 800 千克甚至更高，因为他们大量采用有机肥。还有比这更令他欣慰的事吗？

凡是涉及不顾农民利益、无视事实的事，他都能挺身而出，毫不含糊地阐明事实，至于是不是得担风险，袁隆平在所不计。

前些年一家有影响的报纸在头版刊登了一篇贬斥杂交稻的文章，说杂交稻是“三不稻”，即“米不养人，糠不养猪，草不养牛”。这种不顾事实的说法给农业科研人员和广大农民心头蒙上了阴影。袁隆平写了一封信寄给了《人民日报》，凭着他杰出的学识和无与伦比的实践，用事实说明“杂交稻既能高产又能优质”。1992 年 6 月 18 日，《人民日报》在第二版刊登了袁隆平的来信。

信中，袁隆平用平和的语气、无可辩驳的事实说：“最近社会上流传杂交稻米质太差，有人贬杂交稻为‘三不稻’，说什么‘米不养人，糠不养猪，草不养牛’。果真是这样吗？我想用事实来回答：我国是世界上第一个在生产上利用水稻杂种优势的国家，杂交稻比一般水稻每亩增产 100 千克左右。1976—1991 年全国累计种植杂交稻 19 亿多亩，增产粮食近

2000 亿千克。由此可见，杂交水稻的推广，对解决我国 11 亿人口的温饱问题发挥了极其重要的作用。目前，全国种植面积最大、产量最高的一个水稻良种'汕优 63'是杂交稻。近几年的年种植面积都超过 1 亿亩，平均亩产稳定在 500 千克左右，不仅产量高而且品质好，被评为全国优质籼稻米。的确，在我国南方生产的稻谷中，有相当一部分米质较差，这主要是双季早稻。目前积压的稻谷以及历年来粮店出售的大米，大多数为这种早籼稻。"他写道，"双季晚稻和一季中稻一般品质较好，粮店偶尔出售这种稻米时，则出现排长队争购的现象。而杂交稻则占双季晚稻和中稻面积的 80%左右，产量占 90%以上。因此，说杂交稻属劣质米与事实不符。"

袁隆平进而写道，"其实，杂交稻、常规稻与任何其他农作物一样，品种不同，产量和品质是有差别的，有的甚至相差悬殊。一般地说，大多数杂交稻品种的米质属于中等，其中也有个别杂交稻品种的米质较差，但绝不能以个别品种的优劣来概括一般。"

就这样，袁隆平捍卫了事实，也捍卫了真理。

饥饿的威胁在退却

在一次电视台举办的活动上，主持人问作为特邀嘉宾参加活动的袁隆平是不是也做梦，梦见过什么。

袁隆平是一位世界级的伟大科学家，同时也是一个凡人，当然要做梦。他高兴地回答：他曾经梦见水稻长得像高粱那么高，稻穗像扫帚那么大。真是日有所思夜有所梦，不过这极具夸张的梦想，正在走向现实。

1986 年，袁隆平在总结国内外水稻杂种优势利用经验的基础上，根据已掌握的新材料，提出了杂交水稻育种的战略设想。在他的著名论文《杂交水稻育种的战略设想》中他提出，若将杂交稻的强优势固定下来，就可以免除年年制种，成为一系法杂交稻。

作为世界公认的"杂交水稻之父"，袁隆平客观地分析了现阶段培育的杂交稻的缺点，并把这些缺点概括为"三个有余，三个不足"：前劲有余，后劲不足；分蘖有余，成穗不足；穗大有余，结实不足。他主持的"两系法亚种间杂种优势利用"研究课题通过了国家"863 计划"论证，正式立项开展研究，袁隆平担任了国家"863-101-01"专题的责任专家。1995 年，两系杂交稻基本研究成功，被中国科学院、中国工程院评为 1996 年全国十大科技进展新闻，并列为榜首。

1997 年，袁隆平发表了《杂交水稻超高产育种》重要论文。1998 年 8 月在北京召开的第 18 届国际遗传学大会上和 9 月在埃及开罗召开的第 19 届国际水稻会议上，袁隆平发言：由于采取了形态改良与杂种优势利用有机结合的技术路线，中国在培育超级稻方面已走在世界前列。经过中国许多科学家 10 多年的协作研究，目前技术上的难题已基本解决。袁隆平预计，亚种间超级杂交稻将在近几年内应用于生产，并将在 21 世纪初大面积生产中发挥巨大的增产作用。

杂交水稻的研究成功开辟了粮食大幅度增产的新途径，大面积推广给我国水稻生产带来了一次飞跃。有人统计过，杂交水稻比常规稻增产 20%左右，1976—1999 年，每年增产的稻谷可以养活 6000 万人口,为从根本上解决我国粮食自给自足难题做出了重大贡献。

1997 年,袁隆平提出了超级杂交稻选育的指标、株型模式和技术路线,选育出一批具有超高产潜力、米质优良的亚种间苗头组合,小面积最高产量达每亩 1139 千克(每公顷日产 107.4 千克),达到了日产量 100 千克/公顷的超级稻产量指标。如果按年推广 2 亿亩计,年增粮食可养活 7000 多万人口。袁隆平对我说,这是对看上去表情显得十分深沉的美国经济学家布朗"未来谁来养活中国"疑问的有说服力的回答。

美国学者唐·帕尔伯格在他《走向丰衣足食的世界》一书中写道:袁隆平使"饥饿的威胁在退却,袁正引导我们走向一个营养充足的世界"。

在各国水稻科研工作者心目中,位于长沙马坡岭的国家杂交水稻工程技术研究中心已成为圣地。

近十几年来,杂交水稻不断走向世界,已在 20 多个国家和地区引种推广,这项技术是我国转让给美国的第一项农业科技专利。

袁隆平是在世界上最有影响的中国科学家之一,他正在引导一场新的"绿色革命"。

5 跨文化访谈

5.1 访谈对象情况简介

访谈对象:W(姓名编码)
国家/地区:纳米比亚
访谈语言:英文

5.2 访谈内容

采访者: Do you eat rice in your country?

W:Yes, we eat rice, but it's not the main food. Maize and *mahangu* are the stable food for our country. We use them to make porridge. We have rice, but not everyone can eat rice.

采访者: What are *mahangu* and maize, can you introduce it briefly?

W:*Mahangu* and maize are both wheat. But maize has the same name as corn. Its color can be yellow or white.

采访者: As you say, *mahangu* is a kind of wheat. So do you use *mahangu* to make noodles?

W:No, or maybe if they do, we don't know. Because my country is a developing country. We don't really have good machines that can make noodles, so maybe people don't make noodles from *mahangu*.

采访者：In our country, because of some geographical and climate reasons, people in different district choose different food as their main food. In general, people live in the north part of our country take noodles as their main food, while people live in south part of our country are more likely to eat rice. So do your country have similar difference in eating habits?

W: No, we don't have that difference. Everyone likes maize or *mahangu*. Porridge can be made out of maize or *mahangu*, so everyone likes it. We don't have that difference like north or south. Everyone just eat porridge.

采访者：Have you ever experienced starvation because of natural disaster or any other reasons?

W：Yes, we have drought in Namibia. If there is no rain, that means people will suffer from starvation. People will not cultivate *mahangu* or maize, and then they will have nothing to eat.

采访者：Do you know Yuan Longping and his hybrid rice? Let me introduce him to you: Mr. Yuan Longping is the inventor of hybrid rice. It is his hybrid rice that solve the problem of starvation not only in China but also the world. His contribution to hybrid rice is considered to be of great significance for global food security, how do you see this influence?

W：I know him. He once introduced rice to one of the African countries, maybe Madagascar. I feel like it's the best thing, but to some African countries, for example, if you introduce hybrid rice to Namibia, we don't have the habit of eating rice because of geograph ical and climate factors. Only few places are suitable for rice, very few. We like maize and *mahangu* that we can use to make our porridge.

采访者：Does your country have some prominent scientists or projects in agricultural science and food security ?

W：Maybe we have, but I don't know them. Let me explain the geography of my country: My country has two desserts, so agriculture development there is a little bit impossible because we have less rainfall. We don't have a lot of water sources and most of our soil is infertile. Living is a bit expensive because most food are bought from other countries during drought period. It's a big problem for dessert country, so we haven't devoted too much research in this field.

第十五单元

中国高铁

1 文化符号:高铁网络

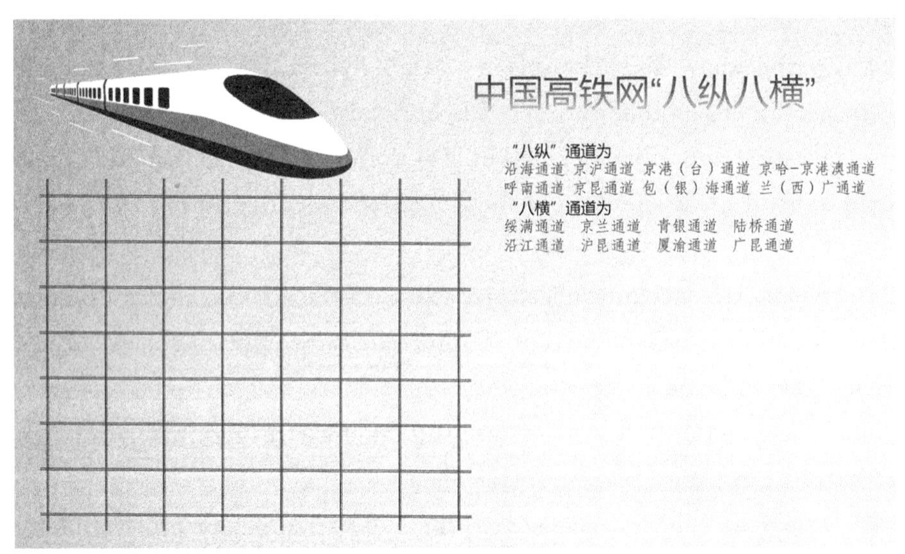

《中长期铁路网规划(2016—2025年)》在“四纵四横”主骨架基础上，增加客流支撑、标准适宜、发展需要的高速铁路，同时充分利用既有铁路，形成以“八纵八横”主通道为骨架、区域连接线衔接、城际铁路补充的高速铁路网①。

高速铁路主通道规划新增项目原则采用时速250千米及以上标准(地形地质及气候条件复杂困难地区可以适当降低)，其中沿线人口城镇稠密、经济比较发达、贯通特大城市的铁路可采用时速350千米标准。区域铁路连接线原则采用时速250千米及以下标准。城际铁路原则采用时速200千米及以下标准。具体规划方案如下。

---

① 来源:百度百科。

一是构建“八纵八横”高速铁路主通道。“八纵”通道为沿海通道、京沪通道、京港(台)通道、京哈-京港澳通道、呼南通道、京昆通道、包(银)海通道、兰(西)广通道;“八横”通道为绥满通道、京兰通道、青银通道、陆桥通道、沿江通道、沪昆通道、厦渝通道、广昆通道。

二是拓展区域铁路连接线。在“八纵八横”主通道的基础上,规划布局高速铁路区域连接线,目的是进一步完善路网,扩大高速铁路覆盖。

三是发展城际客运铁路。在优先利用高速铁路、普速铁路开行城际列车服务城际功能的同时,规划建设支撑和带领新型城镇化发展、有效连接大中城市与中心城镇、服务通勤功能的城市群城际客运铁路。

中国高铁相关视频

体验中国高铁

https://www.chinadaily.com.cn/a/202503/24/WS67e15bf3a3101d4e4dc2a8d9.html

【活动】

作为一名刚入境中国的留学生,想必你有很多的城市想要去探索吧,请在下方的图片中查找你从北京如何乘坐高铁到你的目的城市,其中途经几个不同的城市呢?

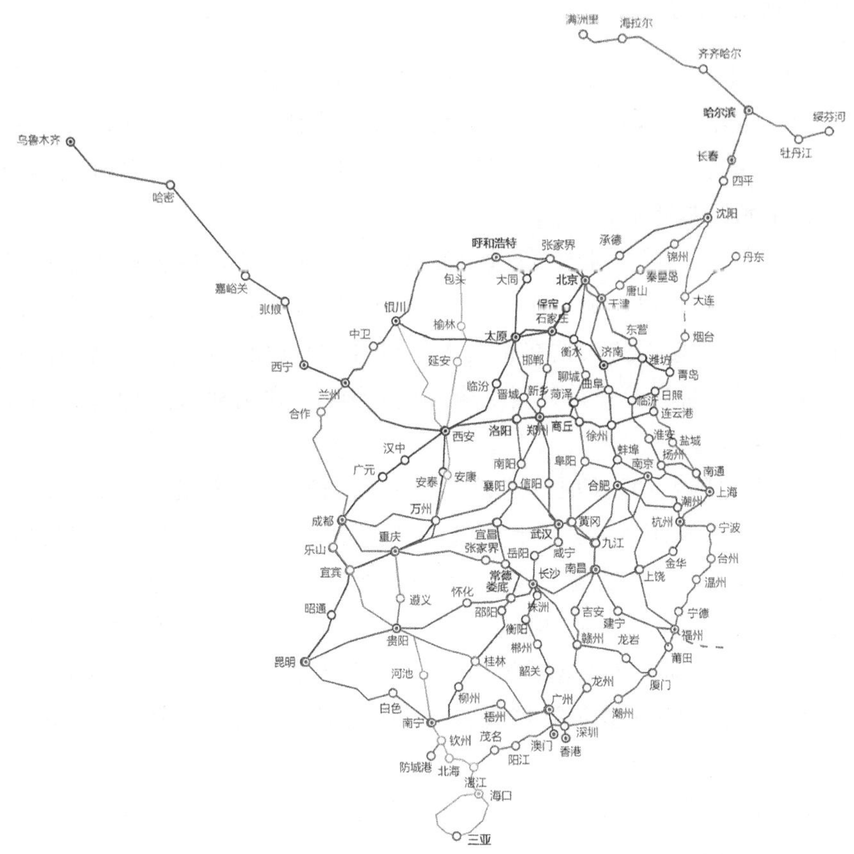

中国高速铁路“八纵八横”网络

2 文化隐喻

2.1 “一带一路”上的中国故事[①]

2023年是“一带一路”倡议提出十周年。习近平总书记指出，中国正在以中国式现代化全面推进强国建设、民族复兴伟业。十年来，共建“一带一路”已在深化各国政策沟通、推动全球互联互通、重塑国际贸易格局、拉动世界经济增长等方面发挥了重要作用。“六廊六路多国多港”的互联互通架构基本形成，中老铁路、中欧班列等重大项目落地生根，十年间，许多中外青年从“一带一路”中受益，他们是“一带一路”的建设者，也是“一带一路”大道同行、向新而行的见证者。他们站在国际舞台上重新认识中国、理解中国。这些中外青年的青春在“一带一路”闪耀，今天我们一起走进巴基斯坦PKM高速公路项目（苏库尔—木尔坦段）建设者高繁的故事：

愿巴铁兄弟生活更美好

巴基斯坦PKM高速公路项目（苏库尔—木尔坦段）由中国建筑以EPC合同模式承建，是“一带一路”重点工程，是巴基斯坦南北交通大动脉，也是中巴友好合作的典型示范工程。2016年，高繁作为中巴经济走廊最大交通基础设施项目——PKM高速公路项目的一名工作人员，来到巴基斯坦。

高繁还记得，那一年，需要乘坐11个小时的车，才能到达距离伊斯兰堡机场540千米的项目部所在地——木尔坦。那一年，木尔坦每天停电四五次，每次1个小时以上。那一年，这里还有“无数蓬头垢面的人站在路边无所事事”的景象。如今，中巴经济走廊已落地大批项目，木尔坦到伊斯兰堡开车只要5个小时，停电再难见到，这里的青年们由“无所事事”变成了“忙忙碌碌”。

变化是怎么发生的？PKM项目建设过程中优先雇用巴方员工，除了少数中国人之外，97%的人员为巴基斯坦人，为当地创造了大量就业岗位。项目的建设高峰期，直接使用管理人员、设备操作手、当地工人达28900余人，中巴员工比例达到1∶32，还有大量间接就业人员无法统计。同时，项目邀请专业培训机构结合工程建设实践，广泛开展管理技能和工程技术培训，为巴基斯坦输送了一大批管理人员、工程技术人员，包括近1000名工程管理人员、2000多名机械操作手，还有其他实验、维修、物流等方面的专业技术人员。

在这里，大量原本靠天吃饭的农民，转变为投身巴基斯坦现代化建设的技术工人和操

① 人民日报社．“一带一路”上的中国故事[N]. 人民日报，2023-10-27(09).

作手。项目还从当地选派了一批巴基斯坦学生到中国留学，并资助他们留学期间的所有费用，同时接纳了一大批巴基斯坦实习工程师，让他们参与项目建设并迅速得到成长。PKM 项目重视服务当地民众，项目建设过程中，修建了超过 800 千米的便民道路，方便百姓交通出行。针对当地农业严重依赖灌溉的特点，项目全线共设置管涵 920 道，总长超过 4 万米，充分保障了当地农民的利益和农业用水安全需求。

"青山一道同云雨，明月何曾是两乡，愿巴铁兄弟生活更美好！"高繁说。

关　键　词

【一带一路】"一带一路"(The Belt and Road，缩写 B&R)是"丝绸之路经济带"和"21 世纪海上丝绸之路"的简称。2023 年，第三届"一带一路"国际合作高峰论坛在北京举行，成为纪念"一带一路"倡议十周年最隆重的活动，此次活动主题为"高质量共建'一带一路'，携手实现共同发展繁荣"。

2.2　春运 70 年，铁路速度见证时代之变①

从窗口排队到线上购票——网络，让买票方式更多元

一枚小小车票，同样是春运 70 年变化的最佳物证。

20 世纪 90 年代之前，车票是偏窄偏厚的硬纸板票，座位号靠售票员手动粘贴。

1997 年，计算机打印的红色软纸票正式投入使用，售票速度从几分钟压缩到几十秒，首次实现"一窗有票，窗窗有票"。

2007 年，磁卡票开始出现，乘客可自助刷票进站。

2020 年 6 月 20 日起，电子客票在全国铁路推广实施，火车票进入无纸化时代，刷身份证即可进站乘车。

票变了，买票的方式也变了。

"15 年前，为了买到一张春节回家的火车票，我在火车站待了两天两夜。"在北京打拼 20 余年的刘锦回忆，网络购票出现前，不少人带着小板凳、小褥子在售票窗口前打地铺通宵排队，排队的长龙甩出几千米远。

2012 年春运，火车票第一次实行网络售票。走过 10 余年，线上购票、电子客票已成为主流。如今，铁路"12306"一年售出车票 30 亿张。

1 月 25 日，铁路"12306"创下春运单日最高售票量——2090.1 万张。节前售票高峰期，"12306"注册用户日均成功登录 3584.2 万人次，单日最高成功登录 4489.8 万人次；日均页面浏览量达 622.1 亿次，单日最高达 875.6 亿次。

数据背后，铁路"12306"已搭建起方便快捷的智能系统，是世界上规模最大的购票

① 人民日报社．春运 70 年，铁路速度见证时代之变[N]．人民日报，2024-02-22(10)．

系统。

每秒出票 300 至 500 张，高峰期达 1000 张左右，用户从提交需求到出票只需要 2.8 秒……保障全球最大购票系统平稳有序运转，离不开智能系统的支持。

铁路"12306"科创中心副主任单杏花介绍，以北京西到深圳北的高铁为例，它有 17 个站，3 种座位。表面看起来，只有 3 个产品，即商务座、一等座、二等座。但实际上，它有 408 种商品。

"当系统售出一张北京到武汉的二等座，客票系统需要立即自动生成一张武汉到深圳北之间的同席位二等座，同时取消北京至石家庄直至武汉之间车站的车票。"单杏花说，因此，售票系统是实时不停地计算生成新的"商品"。

铁路"12306"余票查询的算法更是难上加难。旅客每查一次票，线上网站和线下 5500 多个火车站的电脑都要更新座位、车次、身份信息等，避免造成一票多售的情况。

如今，虽然在高峰时段、热门方向，受运力紧张等因素影响，抢票依旧有困难。但不可否认的是，出行已经方便许多了。走过 10 余年，如今的铁路"12306"愈加成熟。

关　键　词

【铁路"12306"】铁路"12306"是中国铁路客户服务中心推出的官方手机购票应用软件，与火车票务官方网站共享用户、订单和票额等信息，并使用统一的购票业务规则。

3　文化知识

京沪高铁中国速度①

在庆祝中国共产党诞生 90 周年之际，承载着中华民族百年梦想、寄托着亿万人民殷切期望的京沪高速铁路正式开通运营了。京沪高速铁路创造了"中国速度"。2006 年 6 月，京沪高速铁路重点控制工程——南京大胜关大桥率先开工。2008 年 1 月，国务院批准京沪高速铁路开工，建设队伍进场。中国铁路人用 3 年半建成了当前世界上距离最长、标准最高的高速铁路——京沪高速铁路。2010 年 12 月 3 日 11 时 28 分，CRH380A 高速动车组在京沪高速铁路上创造了 486.1 千米/时的世界铁路最高运营试验速度！

建设京沪高速铁路是党中央、国务院坚持科学发展观，推进和谐社会建设的重大战略决策。京沪高速铁路是集中展示我国经济实力、科技水平和综合国力的一项重大工程，是新中国成立以来，投资规模最大、技术含量最高的一项工程，也是继三峡电站、南

① 蔡庆华．京沪高铁中国速度[J]．中国铁路，2011(7)：4-7.

水北调、西气东输、青藏铁路之后，我国基础设施建设领域一项重大的世纪性、历史性宏伟工程。

京沪高速铁路的开通运营，对于建设发达完善的铁路网具有重大意义。京沪高速铁路是《中长期铁路网规划》的标志性工程，是发达完善铁路网的核心组成部分，是我国“四纵四横”快速客运网的主骨架。京沪高速铁路的建成将极大地提升我国铁路网的整体水平，实现了我国几代铁路人为之奋斗的早日建成发达完善的铁路网、为中华民族腾飞打造钢铁大动脉的夙愿。京沪高速铁路的开通运营，对于促进我国东部地区经济社会又好又快发展，率先建成小康社会具有重要意义。京沪高速铁路贯穿我国东部四省三市，联结环渤海经济圈和长江三角洲经济圈，沿线所经地域人口稠密，经济发达，客货运输需求旺盛，是我国经济发展最活跃和最具发展潜力的地区。京沪高速铁路的建成运营，将在我国最发达的两大经济区域间形成一条高标准、大能力的现代化客运通道，必将为整个东部地区进一步崛起提供强有力的支撑。

京沪高速铁路的开通运营，对于加速铁路现代化进程具有重要意义。京沪高速铁路建设的伟大实践，对于形成和完善我国具有自主知识产权、达到世界领先水平的高速铁路技术体系和标准体系，走出一条引进先进技术，打造自主品牌，赶超世界先进水平的正确道路，发挥了十分重要的作用。京沪高速铁路建设，极大地促进铁路工程建设、动车组制造和运输组织的全面创新和进步，带动了材料、冶金、机械和信息等一大批相关产业的发展，对加快铁路现代化进程做出了重要贡献。京沪高速铁路的建成通车，不但具有重大的现实意义，而且具有深远的历史意义。京沪高速铁路充分展示了我国改革开放取得的伟大成就，充分证明了中国特色社会主义的强大生命力和创造力。

关 键 词

【南京大胜关长江大桥】是中国江苏省南京市境内一座跨长江的高速铁路桥梁工程，是京沪高速铁路的控制性工程之一，建成时是世界首座六线铁路大桥，是世界上跨度最大的高速铁路桥，也是世界上设计荷载最大的高速铁路桥。

4 教材里的故事

4.1 现代交通运输的新变化①

1988 年建成的上海沪嘉高速，是中国大陆第一条高速公路。到 2020 年底，中国高

① 引自中学《历史》高中(统编版)选择性必修 2“经济与社会生活”第五单元“交通与社会变迁”第 13 课《现代交通运输的新变化》(人民教育出版社，2020 版)。

速公路里程已达 16.1 万千米,位居世界第一。高速铁路是 20 世纪铁路建设的新成就。1964 年,连接日本东京和新大阪的“东海道新干线”通车运营,这是世界上第一条商业运营高铁,每小时运行速度超过 200 千米。后来,许多国家都修建了高铁。中国自 20 世纪末开始建设高铁。2008 年,京津城际铁路通车运营,中国进入高铁时代。到 2022 年底,中国高铁运营里程达 4.2 万千米,稳居世界第一。中国高铁在核心技术上实现自主创新,整体技术领先世界。中国高铁积极“走出去”,在众多国家开展高铁项目。中国在海外承建的第一条高铁——土耳其的伊斯坦布尔至安卡拉的伊安高铁二期,在 2014 年建成通车。

4.2 小站①

这是一个铁路线上的小站,只有慢车才停两三分钟。快车疾驰而过,旅客们甚至连站名还来不及看清楚。

就在这一刹那,你也许看到一间红瓦灰墙的小屋,一排漆成白色的小栅栏,或者还有三五个人影。而这一切又立即消失了,火车两旁依然是逼人而来的山崖和巨石。

这是一个在北方山区常见的小站。小屋左面有一张红榜,上面用大字标明了 241 天安全无事故的记录,贴着竞赛优胜者的照片。红榜旁边是一块小黑板,上面用白粉写着早晨广播的新闻和首都报纸摘要。出站口的旁边贴着一张讲卫生的宣传画。月台上,有两三个挑着箩筐的农民。几步以外,站上的两位工作人员正在商量着什么。

月台中间有一个小小的喷水池,显然是经过精心设计的。喷水池中间堆起一座小小的假山,假山上栽着一棵尺把高的小树。喷泉从小树下面的石孔喷出来,水珠四射,把假山上的小宝塔洗得一尘不染。

月台的两头种了几株杏树,花开得正艳,引来一群蜜蜂。蜜蜂嗡嗡地边歌边舞,点缀着这个宁静的小站。

小站上没有钟,也没有电铃。站长吹一长声哨子,刚到站的火车跟着长啸一声,缓缓地离开小站,继续走自己的征途。

这个小站坐落在山坳里。站在月台上向四周望去,只看到光秃秃的石头山,没有什么秀丽的景色。可是就在这儿,就在这个小站上,却出现了一股活泼的喷泉,几树灿烂的杏花。

这喷泉,这杏花,给旅客们带来了温暖的春意。

【活动】

1. 小站的“小”从哪些词语中可以看出来?

2. 文章的最后两段没有继续描写小站的“小”,这在表达上有什么作用?

---

① 引自小学《语文》小学六年级上册《小站》(人民教育出版社,2019 版)。

5 跨文化访谈

5.1 访谈对象情况简介

访谈对象: Mehdi(王力)
国家/地区:摩洛哥
访谈语言:英文

5.2 访谈内容

采访者: What's your opinion or feeling about CRH(Chinese Railway High speed)?

Mehdi: According to my background and what I saw in other countries, I think the Chinese Railway is really excellent in terms of time. That means the trains always come on time and depart on time. Besides, the service inside is also really good. But the only inconvenience is being crowded on the holiday, so you cannot travel or even get tickets.

采访者: Did you have a very impressive and unforgettable experience when you took the high-speed train?

Mehdi: Last year I still didn't know about the class of the railway. Different trains have different letters of their names, which means the class of the train. For me, I didn't know about that and I just chose one train wrongly, because it was the only train which was going to Shanghai at that time. I just took it. But luckily, I found there was something wrong, so then I turned back and took the right one. All the other experience is good.

采访者: Do you have any advice for foreign students, especially for those who take the high-speed train for the first time?

Mehdi: Firstly, try to ask for information and everything about the place you are going to. Secondly, book the ticket in advance. This is an important point because in Morocco, we don't need to book before we go. We can just go to the train station, get the ticket and then take the train. But in China you need to book in advance. Thirdly, pay attention to the sign, because in the railway station they also use English signs, so you need to follow them. Finally, arrive on time. This is important for foreigners.

采访者: How about the traffic system in Morocco?

Mehdi: The traffic in Morocco is still not that developed. We only have one line of the high-speed. The rest of them are all normal trains and we still have some area and some cities are not covered by train, especially in the south. And we still have some trains, they still use the carbon instead of electricity, especially in the Sahara. This is about the railway, but the other traffic ways are good. You can go to almost every place by car.

采访者：You drive on the left side or the right side?

Mehdi：Left. The traffic light can countdown or it has a button to push?

We have both kinds of traffic lights. If there are no cars, you can just go. Otherwise you need to push the button and wait.

采访者：Do you have a suitcase inspection?

Mehdi：Yes. If you travel within the city, the police will check your suitcase. But there are some rural areas between two cities, so if you travel between two cities, another kind of police which belong to the army, will inspect your suitcase.